INGLÊS
>> PRÁTICAS DE LEITURA E ESCRITA

D778i Drey, Rafaela Fetzner.
         Inglês : práticas de leitura e escrita / Rafaela Fetzner Drey, Isabel Cristina Tedesco Selistre, Tânia Aiub. – Porto Alegre : Penso, 2015.
         xiii, 86 p. : il. ; 25 cm.

         ISBN 978-85-8429-030-7

         1. Inglês - Leitura. 2. Inglês – Escrita. I. Selistre, Isabel Cristina Tedesco. II. Aiub, Tânia. III. Título.

         CDU 811.111

Catalogação na publicação: Poliana Sanchez de Araujo – CRB 10/2094

RAFAELA FETZNER DREY
ISABEL CRISTINA TEDESCO SELISTRE
TÂNIA AIUB

INGLÊS
>> PRÁTICAS DE LEITURA E ESCRITA

Reimpressão 2021

2015

© Penso Editora Ltda., 2015

Gerente editorial: *Arysinha Jacques Affonso*

Colaboraram nesta edição:

Coordenadora editorial: *Verônica de Abreu Amaral*

Capa e projeto gráfico: *Paola Manica*

Processamento pedagógico: *Sandra Helena Chelmicki*

Leitura final: *Gabriela Sitta*

Editoração: *Techbooks*

Reservados todos os direitos de publicação ao GRUPO A EDUCAÇÃO S.A. (Penso é um selo editorial do GRUPO A EDUCAÇÃO S.A.)
A série TEKNE engloba publicações voltadas à educação profissional e tecnológica.

Rua Ernesto Alves,150 - Bairro Floresta - 90220-190 - Porto Alegre - RS
Fone: (51) 3027-7000 - SAC 0800 703 3444 - www.grupoa.com.br

É proibida a duplicação ou reprodução deste volume, no todo ou em parte, sob quaisquer formas ou por quaisquer meios (eletrônico, mecânico, gravação, fotocópia, distribuição na Web e outros), sem permissão expressa da Editora.

IMPRESSO NO BRASIL
PRINTED IN BRAZIL
Impresso sob demanda na Meta Brasil a pedido do Grupo A Educação.

About the authors

Rafaela Fetzner Drey
Graduada em Letras Português/Inglês pela Unisinos, Mestre e Doutora em Linguística Aplicada também pela Unisinos. Atualmente, é professora de Língua Portuguesa e Língua Inglesa no IFRS – Campus Osório, participando de projetos de pesquisa na área da linguagem em interface com as ciências exatas e tecnológicas. Atua principalmente nos seguintes temas: metodologias de ensino básico e técnico, formação de professores e ensino de línguas.

Isabel Cristina Tedesco Selistre
Graduada em Letras Português/Inglês pela Universidade do Vale do Rio dos Sinos (Unisinos). Especialista em Aprendizagem de Língua Estrangeira (Unisinos). Mestre em Linguística Aplicada (Unisinos) e Doutora em Letras pela Universidade Federal do Rio Grande do Sul (UFRGS). Professora do Instituto Federal do Rio Grande do Sul – Campus Osório.

Tânia Aiub
Graduada em Letras Português/Inglês pela Unisinos e Mestre em Letras pela UFRGS. Atualmente, é professora de Língua Portuguesa e Literatura no IFRS – Campus Viamão. Atua principalmente nos seguintes temas: Teorias do Texto e do Discurso, especialidade Análise de Discurso.

Foreword

O Instituto Federal de Educação, Ciência e Tecnologia do Rio Grande do Sul (IFRS), em parceria com as editoras do Grupo A Educação, apresenta mais um livro especialmente desenvolvido para atender aos **eixos tecnológicos definidos pelo Ministério da Educação**, os quais estruturam a educação profissional técnica e tecnológica no Brasil.

A **Série Tekne**, projeto do Grupo A para esses segmentos de ensino, se inscreve em um cenário privilegiado, no qual as políticas nacionais para a educação profissional técnica e tecnológica estão sendo valorizadas, tendo em vista a ênfase na educação científica e humanística articulada às situações concretas das novas expressões produtivas locais e regionais, as quais demandam a criação de novos espaços e ferramentas culturais, sociais e educacionais.

O Grupo A, assim, articula sua experiência e seu amplo reconhecimento no mercado editorial à qualidade de ensino, pesquisa e extensão de uma instituição pública federal voltada ao desenvolvimento da ciência, inovação, tecnologia e cultura. O conjunto de obras que compõe a coleção produzida em **parceria com o IFRS** se constitui em uma proposta de apoio educacional que busca ir além da compreensão da educação profissional e tecnológica como instrumentalizadora de pessoas para ocupações determinadas pelo mercado. O fundamento que permeia a construção de cada livro tem como princípio a noção de uma educação científica, investigativa e analítica, contextualizada em situações reais do mundo do trabalho.

Cada obra desta coleção apresenta capítulos desenvolvidos por professores e pesquisadores do IFRS, cujo conhecimento científico e experiência docente vêm contribuir para uma formação profissional mais abrangente e flexível. Os resultados desse trabalho representam, portanto, um valioso apoio didático para os docentes da educação técnica e tecnológica, uma vez que a coleção foi construída com base em **linguagem pedagógica e projeto gráfico inovadores**. Por sua vez, os estudantes terão a oportunidade de interagir de forma dinâmica com textos que possibilitarão a compreensão teórico-científica e sua relação com a prática laboral.

Por fim, destacamos que a Série Tekne representa uma nova possibilidade de sistematização e produção do conhecimento nos espaços educativos, que contribuirá de forma decisiva para a supressão da lacuna do campo editorial na área específica da educação profissional técnica e tecnológica. Trata-se, portanto, do começo de um caminho percorrido que pretende contribuir para a criação de infinitas possibilidades de formação profissional crítica com vistas aos avanços necessários às relações educacionais e de trabalho.

Clarice Monteiro Escott

Maria Cristina Caminha de Castilhos França

Coordenadoras da coleção Tekne/IFRS

Preface

Atualmente, a língua inglesa é falada por aproximadamente 1,75 bilhão de pessoas em todo o mundo – o que representa um em cada quatro indivíduos. Até 2020, a previsão é de que dois bilhões de pessoas estejam usando ou aprendendo o idioma (BRITISH COUNCIL, 2013).

Assim, podemos inferir que, no mundo acadêmico, especialmente nas áreas de ciência e tecnologia, grande parte dos cientistas lê e publica seus estudos em inglês. A maioria das informações armazenadas em vias eletrônicas é feita, igualmente, em inglês.

Este material foi preparado com foco nesse cenário, no qual o domínio da língua inglesa é importante para que se "faça parte" do mundo de informações disponibilizadas diariamente. O objetivo é o de trazer uma proposta alternativa para suprir, com eficiência, a necessidade de construção de conhecimentos relacionados à produção textual em língua inglesa exigida dos alunos da área técnica – o que é essencial para a posterior construção de conhecimentos em suas respectivas áreas técnicas.

O ensino de língua estrangeira no nível técnico, nessa perspectiva, deve possibilitar que a língua seja concebida e entendida pelos alunos e professores como um elo integrador e contextualizador entre os conteúdos de formação geral e os de formação profissional, que é o arranjo esperado na maioria dos cursos técnicos. Por isso, é necessário disponibilizar ao aluno um material que lhe permita agir como atribuidor e produtor crítico e competente de significado em relação aos textos com os quais irá ter contato ao longo de sua caminhada acadêmica e profissional.

Este livro oferece, portanto, atividades que constroem uma interface entre os gêneros textuais acadêmicos tradicionais e aqueles recorrentes das áreas técnicas, exigidos em diversas áreas do conhecimento, como um texto de e-mail, um resumo de artigo científico (*abstract*) e uma descrição de produto. Esses gêneros podem ser adaptados a diferentes recursos e esferas comunicativas, ou seja, alunos de áreas técnicas distintas podem fazer uso das técnicas e das atividades preparadas para que o gênero seja compreendido em suas dimensões de linguagem e comunicação.

As amostras de linguagem que exemplificam os gêneros ao longo do livro valorizam textos autênticos, de modo que é possível interagir com amostras reais de linguagem em seus contextos originais de produção. Desse modo, é possível ressignificá-las e produzi-las em novos contextos, de acordo com as necessidades de comunicação de cada leitor.

As atividades, por sua vez, foram desenhadas com o objetivo de ampliar as habilidades de compreensão instrumental, vocabular e de uso das estruturas da língua inglesa na sala de aula. Também foram elaboradas questões que simulam atividades nas áreas técnicas e que exigem do aluno maior proficiência, além de domínio e de conhecimentos específicos acerca dos gêneros textuais abordados. Tudo isso para facilitar o processo de leitura e a produção textual em língua inglesa.

SUGGESTED READING

BRITISH COUNCIL. *The english effect:* the impact of English, what it's worth to the UK and why it matters to the world, 2013. Disponível em: <http://www.britishcouncil.org/sites/britishcouncil.uk2/files/english-effect-report.pdf> Acesso em: 03 nov. 2014.

On the Web

Material complementar
Acesse a página do livro no *site* loja.grupoa.com.br para complementar seu estudo com atividades.

SAC 0800 703-3444

loja.grupoa.com.br

Contents

Introduction
The concept of textual genres 1
Os gêneros textuais no contexto de produção
e na circulação social. 3

chapter 1
Reading and vocabulary comprehension strategies 7
Reading strategies 8
   Predição. 8
   Scanning 10
   Skimming. 12
   Leitura detalhada 14
Vocabulary comprehension strategies 15
   Identificação de palavras conhecidas
   e de cognatos 15
   Desconsideração de palavras não relevantes
   para a compreensão. 19
   Esclarecimento do significado de palavras
   desconhecidas importantes para a
   compreensão 19
   Activities. 28

chapter 2
Sending a support contact e-mail 31
O contexto social e comunicacional
do gênero e-mail 32
A estrutura do e-mail 36
Elementos linguísticos essenciais do e-mail . . . 39

chapter 3
Preparing a scientific abstract. 55
As funções social e comunicacional do *abstract* . 56
Estrutura do *abstract* 57
   Introduction: an overview of the research . . . 58
   Objectives: presenting the research. 59
   Methods: what, where, when, how 59
   Results: your arguments 60
   Conclusion: a summing up closure for
   the next steps. 60
Elementos linguísticos essenciais 61
One last word... about keywords 64

chapter 4
Instruction/user manual 67
Contexto social e função comunicacional
do *instruction/user manual*. 68
A estrutura do gênero *instruction/user manual* . 69
   Capa 69
   Table of contents 70
   Descrição gráfica 71
   Instruções e procedimentos diversos 72
   Linguagem 72
   Ilustrações e imagens. 73
   Padronização do texto 73
   FAQ – frequently asked questions 74
   Glossários. 74
Elementos linguísticos essenciais 74
   Tempo verbal 75

appendix
Extra activity: designing a curriculum. 81

>> Introduction

The concept of textual genres

O conceito de gêneros textuais

Percebe-se, atualmente, uma grande dificuldade dos alunos, tanto no ensino médio quanto no técnico e até mesmo no superior e na pós-graduação, em compreender e produzir textos acadêmicos e profissionais. Esse problema é notável desde a escola básica, como destaca Geraldi (2002), que mostra que a prática da produção textual na sala de aula foge ao sentido do uso da língua, ou seja, não se caracteriza por uma atividade de comunicação interativa, espontânea e fundamentada na necessidade comunicacional do aluno.

Se há uma concepção de linguagem como processo de interação subjacente ao processo de produção textual, é necessário repensar os objetivos e a importância do trabalho com o produto-texto. Isso inclui perceber a escrita como uma atividade de comunicação interativa e fundamentada na necessidade de comunicação do aluno.

Se o texto passa a ser visto como uma unidade de comunicação que deve veicular uma mensagem organizada a partir das estruturas da língua para produzir um efeito de sentido, isso implica que o "produtor de textos" deve perceber seu leitor como um **interlocutor**. Ele precisa entendê-lo como um sujeito que tem algo a dizer a alguém, que tem razões para dizê-lo, e que pode escolher diferentes estratégias para veicular sua mensagem.

Mikhail Bakhtin (2003, p. 261), importante filósofo da linguagem russo, afirma que "[…] todos os diversos campos da atividade humana estão ligados ao uso da linguagem." Assim, a comunicação humana é feita em forma de **enunciados**. O uso desses enunciados será adaptado às finalidades e às condições específicas do contexto social em que os indivíduos se encontram. Portanto, esses enunciados devem ser adaptados a um certo **estilo de linguagem**, que inclui a seleção não apenas de recursos da linguagem, como estruturas gramaticais e vocabulário específico, mas também de conteúdo específico.

De acordo com a situação de comunicação em que determinados enunciados – mesmo particulares e individuais – são utilizados, eles se organizam em tipos relativamente estáveis, denominados **gêneros do discurso** (BAKHTIN, 2003, p. 262). Os gêneros do discurso estão presentes em todo e qualquer ato de comuni-

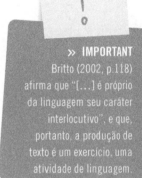

>> **IMPORTANT**
Britto (2002, p.118) afirma que "[…] é próprio da linguagem seu caráter interlocutivo", e que, portanto, a produção de texto é um exercício, uma atividade de linguagem.

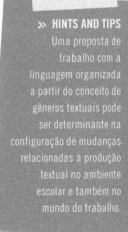

>> **HINTS AND TIPS**
Uma proposta de trabalho com a linguagem organizada a partir do conceito de gêneros textuais pode ser determinante na configuração de mudanças relacionadas à produção textual no ambiente escolar e também no mundo do trabalho.

cação humana, são ilimitados e organizam nosso discurso, moldando-o de acordo com a situação social e os interlocutores presentes. É justamente essa mobilidade social dos gêneros que os torna tão diversos.

Entretanto, apesar de estarem presentes na atividade humana de linguagem, de acordo com Bakhtin (2003, p. 284) "[...] é preciso dominar bem os gêneros para empregá-los livremente." Segundo Bakhtin (2003), para nos comunicarmos, seja falando ou escrevendo, utilizamo-nos dos gêneros do discurso. Todos os nossos enunciados dispõem de uma forma padrão e relativamente estável de estruturação de um todo. Possuímos, portanto, repertório imenso e muito rico dos gêneros do discurso orais (e escritos); e, na prática, utilizamos esses gêneros com segurança e destreza, mesmo que não tenhamos consciência da teoria que os organiza.

Os gêneros textuais, ou gêneros de texto, são releituras (BRONCKART, 1999; SCHNEUWLY; DOLZ, 2004) do conceito de gênero do discurso proposto por Bakhtin. Schneuwly e Dolz (2004) explicam que, em situações semelhantes, escrevemos textos com características semelhantes, que podemos chamar de *gêneros de textos*, conhecidos de e reconhecidos por todos, e que, por isso mesmo, facilitam a comunicação: a conversa em família, a negociação no mercado ou o discurso amoroso.

A partir desse conceito, é possível repensar a prática de produção de texto, em que as situações específicas de comunicação social podem ser trabalhadas por meio do planejamento de atividades embasadas em um **gênero de texto** específico (SCHNEUWLY; DOLZ, 2004). O ponto de partida dessa relação é o fato de que, conhecendo as características específicas do gênero textual em questão, é possível apropriar-se das suas dimensões, atuando como um locutor, e tornar-se capaz de produzir textos que se enquadram nesse mesmo gênero.

>> IMPORTANT
O texto passa a ser um meio que possibilita a interação na esfera de comunicação específica à qual pertence o gênero de texto (DREY, 2008).

Desse modo, é possível repensar a prática de produção de texto, a partir do momento em que são reconhecidos os gêneros de texto e que, portanto, o texto a ser produzido é visto como uma forma de comunicação adequada à esfera social de comunicação na qual o gênero circula. Para isso, é necessário caracterizá-lo e, no âmbito escolar, permitir que os alunos percebam as diferenças entre os gêneros. Nessa perspectiva, os gêneros são considerados **instrumentos** (semióticos), por meio dos quais a comunicação e a aprendizagem são possíveis, pois são utilizados para "agir linguisticamente".

Um ponto importante a ressaltar quanto ao trabalho com gêneros textuais é a **diferenciação entre gênero textual e tipo textual**. Enquanto os tipos são limitados e geralmente se referem à forma linguística na qual o texto é organizado (dissertação, narração, descrição, argumentação), os gêneros são inúmeros: conto (de fadas, de humor), narrativa de aventuras, piada, carta pessoal, lista de compras, etc.

Os gêneros se formam a partir da situação sócio-histórica de comunicação na qual os falantes se encontram. Além disso, com o passar dos anos, novos gêneros vão surgindo, como os que nascem com os avanços da informática: bate-papo por computador, e-mail e blog.

Na perspectiva deste material, é essencial considerar as características específicas do contexto social em que os indivíduos se encontram. Portanto, os enunciados devem ser adaptados a um certo **estilo de linguagem**, que inclui a seleção não só de recursos, como gramática e léxico, mas também de conteúdo específico.

Este material foi pensado e organizado de forma a serem elencadas as principais características dos gêneros-foco aqui apresentados: e-mail, *abstract*, descrição de produto, anúncio de emprego e currículo. Acreditamos que a compreensão das caraterísticas de cada gênero, primeiramente, facilita o processo seguinte, que é de produção desses gêneros no momento da comunicação. Nesse sentido, as atividades foram desenvolvidas como estratégias para uma produção textual que estabeleça uma comunicação mais efetiva entre os setores de circulação de diferentes áreas técnicas.

>> CURIOSITY
Como cada gênero compreende um conjunto articulado de diversos instrumentos utilizados ao mesmo tempo, Schneuwly e Dolz (2004, p.171) referem-se ao gênero como "[...] um megainstrumento, uma ferramenta complexa, que contém em seu interior outros instrumentos necessários para a produção textual [...]".

Os gêneros textuais no contexto de produção e na circulação social

Uma vez que os gêneros textuais são infinitos e servem, especificamente, às necessidades de comunicação humana nas diferentes esferas sociais em que circulam, sempre com objetivos bastante precisos, o contexto de produção e a circulação social são extremamente importantes e decisivos na abordagem de construção do texto.

Mas, o que são o contexto de produção e a circulação social do texto? Na abordagem dos gêneros textuais, esses conceitos estão estreitamente ligados à

>> IMPORTANT
Outros exemplos de gênero são: carta do leitor, artigos (de opinião, de divulgação científica, científico), reportagem, notícia de jornal, horóscopo, receita culinária, *outdoor*, narrativa de enigma, conversa telefônica, resenha, charge, cartum, conversação espontânea, e assim por diante.

questão de **quem produz o texto e para quem/com qual objetivo o texto está sendo produzido**. Vamos exemplificar: quando você produz um texto pertencente ao gênero "descrição de um produto tecnológico", o contexto de produção diz respeito à situação social na qual o texto foi produzido. Já a circulação social do texto se refere a quem serão os leitores ou o "público-alvo" do texto.

>> EXAMPLE

Se você está descrevendo um produto de informática, o contexto de produção engloba tudo o que cerca esse produto: como ele foi produzido, por quem, como ele funciona, qual é sua finalidade, quais são os cuidados que o usuário deve ter com ele. No caso da circulação social, a descrição certamente circulará nas empresas que podem fazer uso do produto, entre os usuários, ou, ainda, entre as empresas de manutenção do produto.

Neste livro, apresentaremos as características textuais e de linguagem, além de refletir sobre o contexto de produção e a circulação social de quatro gêneros textuais diferentes, que podem ser usados nas mais diversas áreas técnicas: o e-mail de suporte de produto/serviço/sistema, o resumo de artigo científico (*abstract*), a descrição de produto/serviço/sistema e a produção de um currículo resumido. Esses gêneros serão denominados **gêneros textuais profissionais**, pois são utilizados em diferentes esferas profissionais técnicas, atrelados à atividade profissional dos interlocutores. Ou seja, são parte essencial do trabalho do profissional da área técnica/tecnológica. Os gêneros textuais selecionados com cuidado para este material fazem parte do dia a dia acadêmico e profissional de muitos alunos e egressos de vários cursos técnicos ofertados pelos institutos federais, e sua escolha foi feita de acordo com as necessidades elencadas pelos alunos e docentes da instituição.

>> IMPORTANT

Todas as características que englobam o contexto devem ser conhecidas no momento de descrição do produto. Por isso, quando se produz um texto, é essencial sempre ter em mente qual é o objetivo dele — o que se quer comunicar — e para quem ele está sendo produzido. Essas características alteram não só a estrutura e o formato do texto, mas também o tipo de linguagem a ser usada e quais estruturas da língua podem ser mais ou menos necessárias.

BIBLIOGRAPHY

BAKHTIN, M. Os gêneros do discurso. In: _____. *Estética da criação verbal*. São Paulo: Martins Fontes, 2003. p. 275-326.

BRITTO, L.P.L. Em terra de surdos-mudos (um estudo sobre as condições de produção de textos escolares). In: GERALDI, J.W. (Org.). *O texto na sala de aula*. São Paulo: Ática, 2002. p.115-126.

BRONCKART, J. P. *Atividade de linguagem, textos e discursos:* por um interacionismo sócio-discursivo na escola. São Paulo: EDUC, 1999.

DREY, R. F. *Eu nunca me vi, assim, de fora:* representações sobre o agir docente através da autoconfrontação. 2008. 168 f. Dissertação - (Mestrado em Linguística Aplicada). Universidade do Vale dos Sinos - UNISINOS, São Leopoldo, 2008.

GERALDI, J. W. Unidades básicas do ensino de português. In: GERALDI, J.W. (Org.). *O texto na sala de aula*. São Paulo: Ática, 2002. p. 59-79.

SCHNEUWLY, B.; DOLZ, J. *Gêneros orais e escritos na escola*. Campinas: Mercado de Letras, 2004.

chapter 1

Reading and vocabulary comprehension strategies

Estratégias de leitura e de compreensão de vocabulário

A maior parte do conhecimento produzido atualmente no mundo é disponibilizada em inglês, seja na forma impressa ou na Internet. Consequentemente, o desenvolvimento da habilidade de leitura de textos nesse idioma torna-se imprescindível para o acesso a informações relevantes sobre qualquer tópico de interesse e, especialmente, para a formação profissional. Utilizando-se estratégias de leitura e de compreensão de vocabulário adequadas, é possível, mesmo tendo conhecimento limitado da língua inglesa, apreender o conteúdo essencial de um texto. Neste capítulo, apresentamos essas estratégias e reunimos exercícios práticos.

Objetivos de aprendizagem

» Selecionar estratégias apropriadas para a leitura de textos de diversos gêneros.

» Identificar o tema geral de um texto.

» Localizar trechos específicos em um texto.

» Obter informações detalhadas de um texto.

» Usar estratégias efetivas para lidar com vocabulário desconhecido.

❯❯ Reading strategies
Estratégias de leitura

As estratégias de leitura podem ser definidas como o conjunto de atividades realizadas para facilitar a apreensão do conteúdo de um texto. As principais estratégias empregadas na leitura de textos em língua estrangeira são: predição, *scanning*, *skimming* e leitura detalhada. A opção por uma ou outra estratégia depende dos objetivos estabelecidos para a leitura: previsão sobre o conteúdo de um texto, compreensão de partes específicas, compreensão geral ou compreensão aprofundada.

❯❯ Predição

A predição é uma **atividade de pré-leitura** que consiste na formulação de hipóteses sobre o conteúdo do material a ser lido a partir da observação de elementos específicos do texto e da ativação do conhecimento prévio do leitor.

Para realizar a estratégia de predição, é preciso **observar**, sempre que o texto apresentar, os seguintes elementos:

- ❯❯ **Título:** quando bem escolhido pelo autor, identifica o tema do texto.
- ❯❯ **Subtítulos:** indicam os tópicos tratados em relação ao tema central.
- ❯❯ **Figuras e tabelas:** reforçam as hipóteses construídas com base nos itens anteriores.
- ❯❯ **Fonte e/ou autor:** podem informar o gênero do texto - textos extraídos da Wikipedia, por exemplo, contêm informações enciclopédicas - e dar pistas quanto ao seu conteúdo.
- ❯❯ **Gênero do texto:** gêneros diferentes correspondem a propósitos distintos. Uma bula de remédio visa instruir o leitor sobre a utilização de um medicamento; já um anúncio publicitário tem por objetivo persuadir o leitor a comprar algum produto.

Após essa observação, é preciso ativar seu conhecimento prévio. Ou seja, é necessário **escrever todas as ideias** referentes ao tema identificado que vierem à mente e **fazer uma lista de palavras e expressões** em inglês relacionadas ao assunto do texto (itens que você já conhece).

No texto a seguir, exemplificamos a identificação dos elementos apresentados.

>> EXAMPLE

Internet users around the world

What is the Internet?
It is a global system of interconnected computer networks that links several billion devices worldwide. It is an international *network of networks* that consists of millions of private, public, academic, business, and government packet switched networks, linked by a broad array of electronic, wireless, and optical networking technologies.

Who are the Internet users?
They are individuals, of any age, who can access the Internet at home, via any device type and connection.

Internet growth
In 1995, less than 1% of the world population had an internet connection. Today it is around 40%. In 2005, the first billion was reached. In 2010, the second billion. By the end of 2014, the third billion will be reached.

The table below shows the number of global Internet users per year since 2005:

Year (July 1)	Internet users	Users growth	World population	Population growth
2014*	2,925,249,355	7.9%	7,243,784,121	1.14%
2013	2,712,239,573	8.0%	7,162,119,430	1.16%
2012	2,511,615,523	10.5%	7,080,072,420	1.17%
2011	2,272,463,038	11.7%	6,997,998,760	1.18%
2010	2,034,259,368	16.1%	6,916,183,480	1.19%
2009	1,752,333,178	12.2%	6,834,721,930	1.20%
2008	1,562,067,594	13.8%	6,753,649,230	1.21%
2007	1,373,040,542	18.6%	6,673,105,940	1.21%
2006	1,157,500,065	12.4%	6,593,227,980	1.21%
2005	1,029,717,906	13.1%	6,514,094,610	1.22%

* Estimate for July 1, 2014
From: ***Internet Live Stats*** (elaboration of data by *International Telecommunication Union (ITU)* and *United Nations Population Division*)

Fontes: Internet ... (2014).

Título: o assunto do texto são os usuários da Internet.

Subtítulo 1: um dos tópicos tratados é a explicação do termo Internet.

Subtítulo 2: outro tópico apresentado é a definição de quem são os usuários da Internet.

Subtítulo 3: um terceiro tópico refere-se ao crescimento da Internet.

Tabela: compara o percentual de crescimento do número de usuários da Internet com o percentual de crescimento da população.

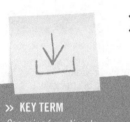

≫ Scanning

Scanning refere-se ao tipo de leitura rápida e superficial que o leitor faz com o objetivo de encontrar informações específicas em um texto.

Para realizar a estratégia de *scanning*, é preciso:

≫ **KEY TERM**
Scanning é um tipo de leitura rápida e superficial com o objetivo de encontrar informações específicas em um texto.

≫ Definir a informação que você precisa encontrar no texto, como um número de telefone em uma lista, uma data de nascimento ou óbito em uma biografia, o preço de um produto em um catálogo, o nome do autor de alguma obra em um artigo informativo, a definição de algum termo, etc.

≫ Passar os olhos rapidamente sobre o texto até encontrar o que está buscando, observando as **palavras ou expressões-chave** e as **marcas tipográficas** relacionadas ao seu propósito.

Apresentamos, a seguir, uma situação de utilização da estratégia *scanning*.

≫ EXAMPLE

Para descobrir em que ano Samuel Morse transmitiu a primeira mensagem por telégrafo, no texto abaixo, você:

1. Passa os olhos rapidamente pelo texto até localizar o nome *Samuel Morse*.
2. Procura a indicação de ano mais aproximada ao nome encontrado.
3. Confirma sua resposta, verificando se a palavra-chave *telegraph* encontra-se próxima às informações anteriores (nome e ano).

The foundation of mobility of information was laid by Joseph Henry, (1797-1878), who invented the electric motor and techniques for distant communication. In 1831, Henry demonstrated the potential of using an electromagnetic phenomenon of electricity for long distance communication. He sent electric current over one mile of wire to activate an electromagnet, which caused a bell to ring. Later, Samuel F, B, Morse used this property of electricity to invent the telegraph. Morse transmitted his famous message "What hath God wrought?" from Washington to Baltimore over 40 miles in 1844. Then, on March 10, 1876, in Boston, Massachussetts, Alexander Graham Bell laid the foundation of telephone by making the first voice call over wire – "Mr. Watson, come here, I want to see you".

— Nome.
— Palavra-chave.
— Ano mais próximo do nome.

Fonte: Talukder, Ahmed e Yavagal (2010, p. 1).

É sábado. Você está no Harlem, rua 109, e tem que encontrar um amigo em Midtown, rua 42, às 10h. Como descobrir o horário do seu ônibus?

1. Passe os olhos rapidamente pelo quadro de horários até encontrar a palavra SATURDAY.
2. Busque a coluna em que aparece o endereço Midtown 42 St.
3. Verifique o horário de chegada do ônibus nesse endereço próximo às 10h.
4. Cruze essa linha de informação com o seu endereço – Harlem 109 St.

> **» IMPORTANT**
> Exemplos de marcas tipográficas:
> - Números: 1984, 8%, 500,00, $ 100, etc.
> - Cores e fontes diferenciadas.
> - Letras maiúsculas.
> - Tipos especiais para ênfase: negrito, itálico, etc.
> - Símbolos: =, $, &, ", " ", :, %, etc.
> - Figuras e tabelas.

Bus Timetable
Effective August 31, 2014

New York City Transit

M1 Weekday Service
From Harlem to East Village

[timetable]

M1 Saturday Service
From Harlem to East Village

[timetable]

M1 Sunday Service
From Harlem to East Village

[timetable]

Resposta: você terá que pegar o ônibus às 9h28.

>> Skimming

Skimming é uma estratégia de leitura rápida utilizada para identificar o tema, a ideia principal e os tópicos de um texto. Serve para o leitor definir se o texto é, de fato, de seu interesse e se merece ser lido na íntegra, ou se ele deve ser descartado.

>> **KEY TERM**
Skimming é uma estratégia de leitura rápida para identificar o tema, a ideia principal e os tópicos de um texto.

Essa estratégia não exige a compreensão do significado de cada palavra; o leitor deve considerar o sentido geral das informações apresentadas em uma frase ou um parágrafo.

Para realizar a estratégia de *skimming*, você deve:

>> Analisar o título e os subtítulos, que identificam o tema central e os tópicos do texto.
>> Observar as figuras, as tabelas e as marcas tipográficas, que ilustram os tópicos tratados.
>> Ler o primeiro e o último parágrafo, que, respectivamente, introduzem e concluem o tema em questão, e também a primeira frase de cada um dos outros parágrafos, que apresenta a ideia desenvolvida no restante parágrafo.

No texto a seguir, exemplificamos a identificação dos elementos que precisam ser levados em conta quando utilizamos a estratégia *skimming*.

>> EXAMPLE

Multimedia in schools

Título: o assunto tratado pelo texto é o uso de multimídias nas escolas.

(...)

Multimedia will provoke radical changes in the teaching process during the coming decades, particularly as smart student discover they can go beyond the limits of traditional teaching methods.

Primeiro parágrafo: introduz o assunto dizendo que as multimídias provocarão mudanças no ensino.

>> EXAMPLE *(cont.)*

There is, indeed, a move away from the transmission or passive-learner model of learning to the experiential learning or active-learner model. In some instances, teachers may become more like guides and mentors, or facilitators of learning, leading students along a learning path, rather than the more traditional role of being the primary providers of information and understanding. The students, not teachers, become the core of the teaching and learning process.

Primeira sentença do segundo parágrafo: indica que, neste trecho, vamos encontrar informações sobre a mudança no modelo de aprendizagem: de aprendiz-passivo para aprendiz-ativo.

Figure 1-1 shows a selection of instructional videos used for training emergency medicine specialists. Such online e-learning provides a cost-effective vehicle to learn clinical techniques outside of the hospital setting (...).

Primeira sentença do terceiro parágrafo: explica o conteúdo da figura apresentada - seleção de vídeos instrucionais para treinamento de especialistas em medicina de emergência.

An interesting use of multimedia in schools involves the students themselves. Students can put together interactive magazines and newsletters, make original art using image manipulation software tools, and interview students, townspeople, coaches and teachers. They can even make video clips with cameras and mobile phones for local use or uploading to YouTube. They can also design and run websites. (...)

Primeira sentença do quarto parágrafo: indica que, nesta seção, o tópico é o uso de multimídias que envolvem os próprios alunos.

In the online version of school, students can enroll at schools all over the world and interact with particular teachers and other students. Classes can be accessed at the convenience of the student's lifestyle while the teacher may be relaxing on a beach and communicating via wireless system.

Último parágrafo: conclui o texto explicando como funciona a versão on-line da escola: os estudantes podem matricular-se em escolas por todo o mundo e interagir com outros estudantes e professores.

Fonte: Vaughan (2011, p. 3).

(cont.)

>> EXAMPLE *(cont.)*

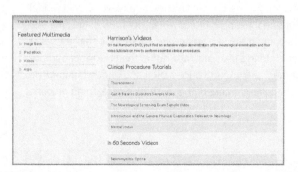

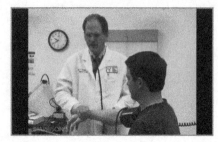
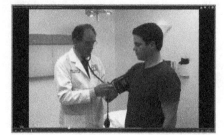

Figura 1.1 Exemplo do uso de multimídias na aprendizagem, com vídeos utilizados para treinamento de especialistas em medicina.
Fonte: Harrison's ... (c2011).

>> Leitura detalhada

A leitura detalhada consiste na **apreensão do máximo possível de informações** contidas em um texto. Para tanto, o leitor necessitará utilizar estratégias de compreensão de vocabulário.

Vocabulary comprehension strategies

Estratégias de compreensão de vocabulário

Para lidar com o vocabulário de um texto, podemos aplicar as seguintes estratégias: identificação de palavras conhecidas e de cognatos, desconsideração de palavras não relevantes para a compreensão e esclarecimento do significado de palavras desconhecidas e importantes para a compreensão por meio de dedução/inferência, análise de afixos e consulta ao dicionário.

Identificação de palavras conhecidas e de cognatos

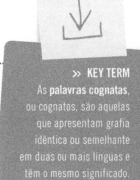

>> KEY TERM
As **palavras cognatas**, ou cognatos, são aquelas que apresentam grafia idêntica ou semelhante em duas ou mais línguas e têm o mesmo significado.

A identificação de palavras já conhecidas e palavras cognatas é a primeira estratégia usada, quase que automaticamente, por qualquer leitor de um texto em língua estrangeira (NARDI, 2011).

Vejamos alguns exemplos de cognatos inglês/português.

> >> **EXAMPLE**
>
> **Cognatos idênticos:** camera, chance, hospital, hotel, inventor, material, nuclear, piano, social, total, etc.
>
> **Cognatos semelhantes:** different, event, important, intelligent, model, product, public, responsible, television, etc.

Conforme Nardi (2011), é comum a ocorrência de palavras reconhecidas como cognatas em textos em língua inglesa por leitores de língua portuguesa. Tal afirmação pode ser confirmada por meio da contagem de palavras do trecho a seguir: de um total de 63 palavras, 20 são cognatas (o que representa 32% do parágrafo).

>> EXAMPLE

Video & Animation – These are the products of modern age. Video is a powerful and effective tool for communication and information storage. Video libraries are excellent reference and documentary sources. Animation is similar to video but created through artificial means. These can be created out of still images or computer draw images, through either alteration in appearance or by empowering with movement.

Fonte: Banerji e Ghosh (2010).

Com relação à semelhança entre palavras do inglês e do português, é preciso, também, observar a questão dos falsos cognatos, ou falsos amigos (*false cognates or false friends*).

False cognates/False friends

Os chamados falsos cognatos/falsos amigos são aquelas palavras em inglês que têm grafia semelhante ao português, porém com significado diferente. Por exemplo: *fabric* não significa "fábrica", e sim "tecido".

A **porcentagem de ocorrência de falsos cognatos em relação ao par de línguas inglês/português é menor que 0,1%**. Assim, o estudante brasileiro de inglês não deve se preocupar demasiadamente com a probabilidade de erro ao interpretar palavras do inglês parecidas com palavras do português (SCHÜTZ, 2012).

No entanto, é preciso ressaltar que quanto mais amplo for o conhecimento do vocabulário da língua inglesa, que inclui os falsos cognatos, mais fácil se torna a compreensão de textos. Pensando nisso, elaboramos uma lista com os falsos cognatos mais comuns do inglês.

Quadro 1.1 » **Falsos cognatos mais frequentes na língua inglesa**

Inglês – Português	Português – Inglês
Actually (adv) - na verdade, o fato é que	Atualmente - nowadays, today
Agenda (n) - pauta do dia, pauta para discussões	Agenda - appointment book; agenda
Application (n) - inscrição, registro, uso	Aplicação (financeira) - investment
Appointment (n) - hora marcada, compromisso profissional	Apontamento - note
Assume (v) - presumir, aceitar como verdadeiro	Assumir - to take over

Quadro 1.1 » Falsos cognatos mais frequentes na língua inglesa

Inglês – Português	Português – Inglês
College (n) - faculdade, ensino superior	Colégio (ensino médio) - high school
Commodity (n) - artigo, mercadoria	Comodidade - comfort
Data (n) - dados (números, informações)	Data - date
Educated (adj) - instruído, com alto grau de escolaridade	Educado - with a good upbringing, well-mannered, polite
Emission (n) - descarga (de gases, etc.)	Emissão - issuing (of a document, etc.)
Enroll (v) - inscrever-se, alistar-se, registrar-se	Enrolar - to roll; to wind; to curl
Eventually (adv) - finalmente, consequentemente	Eventualmente - occasionally
Fabric (n) - tecido	Fábrica - plant, factory
Graduate program (n) - Curso de mestrado ou doutorado	Curso de graduação - undergraduate program
Income tax return (n) - declaração de imposto de renda	Devolução de imposto de renda - income tax refund
Inscription (n) - gravação em relevo (sobre pedra, metal, etc.)	Inscrição - registration, application
Intend (v) - pretender, ter intenção	Entender - understand
Journal (n) - periódico, revista especializada	Jornal - newspaper
Large (adj) - grande, espaçoso	Largo - wide
Lecture (n) - palestra, aula	Leitura - reading
Legend (n) - lenda	Legenda - subtitle
Library (n) - biblioteca	Livraria - book shop
Lunch (n) - almoço	Lanche - snack
Magazine (n) - revista	Magazine - department store

(cont.)

Quadro 1.1 » **Falsos cognatos mais frequentes na língua inglesa** *(cont.)*

Inglês – Português	Português – Inglês
Mayor (n) - prefeito	Maior - bigger
Medicine (n) - remédio, medicina	Medicina - medicine
Office (n) - escritório	Oficial - official
Parents (n) - pais	Parentes - relatives
Particular (adj) - específico, exato	Particular - personal, private
Pasta (n) - massa (alimento)	Pasta - paste; folder; briefcase
Policy (n) - política (diretrizes)	Polícia - police
Prejudice (n) - preconceito	Prejuízo - damage, loss
Pretend (v) - fingir	Pretender - to intend, to plan
Propaganda (n) - divulgação de ideias/fatos com intuito de manipular	Propaganda - advertisement, commercial
Pull (v) - puxar	Pular - to jump
Push (v) - empurrar	Puxar - to pull
Realize (v) - notar, perceber, dar-se conta, conceber uma ideia	Realizar - to carry out, make come true, to accomplish
Record (v, n) - gravar, disco, gravação, registro	Recordar - to remember, to recall
Requirement (n) - requisito	Requerimento - request, petition
Resumé (n) - curriculum vitae, currículo	Resumo – summary
Retired (adj) - aposentado	Retirado - removed, secluded
Service (n) - atendimento	Serviço – job
Support (v) - apoiar	Suportar (tolerar) - tolerate, can stand
Tax (n) - imposto	Taxa - rate, fee

Fonte: Schütz (2012).

Desconsideração de palavras não relevantes para a compreensão

Não saber o significado de todas as palavras que compõem um texto não resulta, necessariamente, em dificuldade de compreensão. Há casos em que uma palavra desconhecida não bloqueia a nossa apreensão da ideia central de uma frase ou de um parágrafo. Nesses casos, podemos simplesmente ignorá-la.

Vejamos o exemplo a seguir, em que as palavras destacadas podem ser desconhecidas do leitor.

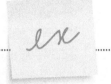

>> EXAMPLE

"Money and time work together. More time allows less money to grow into a large amount. Money that you have saved, **however**, doesn't double **overnight**. Just as apple trees, money need to mature for a period of time before they start producing".

"Dinheiro e tempo trabalham juntos. Mais tempo permite que menos dinheiro se transforme em uma quantia maior. O dinheiro que você economizou, _____, não dobra _____ Assim como as macieiras, o dinheiro precisa amadurecer por um período de tempo antes de começar a produzir".

Fonte: Ediger e Pavlik (2000, p.102).

Comparando com o mesmo parágrafo escrito em português, sem os destaques, percebemos que as duas palavras omitidas não são essenciais para a compreensão. Portanto, podemos desconsiderá-las, isto é, não precisamos descobrir o seu significado exato.

Esclarecimento do significado de palavras desconhecidas importantes para a compreensão

Quando uma palavra desconhecida impede a compreensão, especialmente se ela for uma palavra-chave, podemos utilizar as seguintes estratégias: dedução/inferência a partir do contexto, análise de afixos e consulta ao dicionário.

> **>> KEY TERM**
> **Palavras-chave** são aquelas que aparecem muitas vezes no texto, repetidas literalmente ou por meio de outras palavras sinônimas ou quase sinônimas; aparecem, geralmente, salientadas nos textos por meio do uso de negrito, itálico, maiúsculas, etc.; tendem a aparecer em locais importantes do texto, como título, introdução e conclusão (CAVALCANTI, 1989).

Dedução/inferência de palavras desconhecidas a partir do contexto

A exploração do **contexto** (palavras vizinhas) para tentar deduzir/inferir o significado de uma palavra desconhecida é uma estratégia bastante eficaz. Observe os exemplos a seguir.

>> EXAMPLE

"They bought lots of fruit, dips and cheeses, food that many of the kids may not have tried before, things like pomegranate".

From: Cairns (2014).

He is very intelligent, but very impolite.

No primeiro caso, mesmo não sabendo o significado de *dips* e *pomegranate*, é possível deduzir, por meio da análise das outras palavras que compõem a frase, que se tratam de alimentos. No segundo, podemos inferir que *impolite* é uma característica negativa, uma vez que *but* (mas), palavra que antecede o item desconhecido, conecta ideias opostas.

Análise de afixos

Outra estratégia que pode ser utilizada para a compreensão de vocabulário é a análise de afixos. Há dois tipos de afixos: **prefixos** – adicionados no início da palavra – e **sufixos** – adicionados no final da palavra.

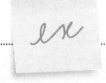

>> EXAMPLE

Prefixos: *finished* (acabado) – *unfinished* (inacabado)

Sufixos: *real* (real) – *reality* (realidade)

Os **prefixos geralmente alteram o significado da palavra**, enquanto os **sufixos alteram sua classe gramatical**. No exemplo anterior, percebemos que o prefixo "*un*" adicionado à palavra *finished* faz com que ela passe a significar o seu oposto. Já a adição do sufixo "*ity*" à palavra *real* faz com que ela passe de adjetivo para substantivo.

A identificação dos afixos é útil quando a palavra desconhecida é formada por uma palavra e um afixo conhecidos. Vamos supor que seja a primeira vez que o leitor se depara com a palavra *underground*. Se ele souber o significado de *ground* (solo, chão, terreno) e do prefixo *under* (embaixo; sub-), concluirá que o item corresponde a "subsolo".

Nos quadros que seguem, apresentamos os prefixos e os sufixos mais usados no inglês e seus significados.

Quadro 1.2 » Prefixos mais utilizados e seus significados

Ante-	Antes, anterior
Anti-	Contra
Bi-	Dois, duplo
Co-	Em conjunto
De-	Inverter
Dis-	Oposto, contrário
Ex-	Externo, ex-, sair
Extra-	Além de
Fore-	Antes, frente
Giga-	Bilhão
Il-	Não, contrário
Im-	Não, contrário
In-	Não, contrário
Inter-	Entre
Intra-	Dentro
Ir-	Não, contrário
Kilo-	Mil
Mega-	Grande

(cont.)

Quadro 1.2 » Prefixos mais utilizados e seus significados (cont.)

Micro-	(muito) Pequeno
Mini-	Pequeno, reduzido
Mis-	Errado, mal
Mono-	Um, único
Multi-	Vários, diversos
Non-	Não, contrário
Over-	Acima de, superior
Peri-	Em torno, em volta
Post-	Após, depois de
Pre-	Anterior, antes de
Re-	Repetir, outra vez
Semi-	Parcial, quase, meio
Sub-	Embaixo, inferior
Super-	Acima de, superior
Trans-	Através, por meio de
Tri-	Três, triplo
Un-	Não, contrário, des-
Under-	Embaixo, inferior, sub-

Quadro 1.3 » Sufixos mais utilizados e seus significados

-able	-ável, -átil
- al	-al, -o
- ance	-ância, -ência, -enção
- ate	-ar
- dom	-dade, -ria, -mento
- ed	-ado
- en	-ar, -er, -ir
- ence	-ência
- ent	-ente, -ante
- er (adj)	mais (comparativo)
- er (subst)	-or, -dor, -ista, -ente
- ful	-oso
- gion	-gião
- ian	-ico, -ista, -ano, -ário
- ible	-ável, -ível
- ic	-ico
- ical	-ico
- ify	-ificar
- ing	-ndo, -mento, -ção
- ish	-ado
- ist	-ista

(*cont.*)

Quadro 1.3 » Sufixos mais utilizados e seus significados (cont.)

- ity	-idade
- ive	-ivo
- ize	-izar, -ar
- less	-sem, -menos, des-
- logy	-logia
- ly	-mente
- ment	-mento
- ness	-dão, -eza, -mento
- or	-or, -dor
- ous	-oso
- ship	-mento, -ção, -ade
- sion	-são
- tion	-ção

Consulta ao dicionário

Quando a aplicação das estratégias anteriores não é suficiente para compreender as palavras desconhecidas, temos um último recurso: a consulta ao dicionário. Para que essa estratégia seja, de fato, útil, temos que distinguir os componentes de uma entrada/verbete de dicionário.

>> EXAMPLE

party /'parti[1]/ • s[2] (pl –ties)[3] **1** festa[4]: *Are you going to Meg's party?*[5] ♦ **give/ have/ throw/ host a party**[6] dar uma festa ♦ **party animal** pessoa que gosta muito de ir a festas **2** partido (em política)[7] **3** grupo **4** parte (em assuntos jurídicos)

1 – Pronúncia
2 – Classe gramatical
3 – Informação gramatical (formação de plural)
4 – Significado
5 – Exemplo de uso
6 – Combinações comuns com outras palavras
7 – Contexto de uso

Quando a palavra tem mais de um equivalente no português (como *party*, que pode significar "festa", "partido", "grupo" ou "parte"), é preciso testar cada um deles até descobrir aquele que faz mais sentido na frase que estamos tentando compreender.

Se estivéssemos consultando o verbete mostrado no exemplo anterior para encontrar o significado adequado para a palavra *party* na frase *A **party** of Chinese business people arrived at the Buffy hotel last night*, teríamos sucesso somente na terceira tentativa:

» Uma **festa** de empresários chineses chegou ao hotel Buffy noite passada.
» Um **partido** de empresários chineses chegou ao hotel Buffy noite passada.
» Um **grupo** de empresários chineses chegou ao hotel Buffy noite passada.

>> SUMMARY

Estratégia de leitura	Objetivo
Predição	Predizer o conteúdo do texto por meio da ativação de conhecimento prévio.
Scanning	Buscar informações específicas em um texto.
Skimming	Identificar a ideia geral e os tópicos de um texto.
Leitura detalhada	Apreender o máximo de informações de um texto utilizando estratégias de compreensão de vocabulário.

(cont.)

>> SUMMARY *(cont.)*

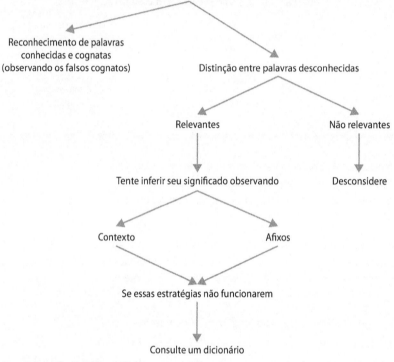

Fonte: Ediger e Pavlik (2000, p.197).

Now it's your turn!

Para responder aos exercícios de 1 a 10, leia o texto a seguir.

WHAT'S NEEDED FOR AN E-COMMERCE BUSINESS

Opening an e-commerce business can be relatively easy, you need a number of things to get started. Here is a list of everything you must have to open an e-commerce business:

Product to sell: First of all, you obviously need a product or service to sell. The good news is that with the Internet, this can be basically anything. Big or small, expensive or cheap, any item can be sold online. You also have the option of selling "soft" goods: those that can be downloaded straight to a customer's computer, like new computer software.

Domain name: Before a small business can start building an e-commerce website, it needs a domain name. This is the online address at which shoppers can find the business's website.

Web hosting service: After that, you need a Web hosting service to publish the website online for shoppers to see.

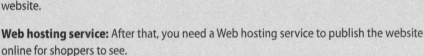

Website: Then you need a website. The website will serve as a business's online home. This can be an existing website to which you can add e-commerce capabilities or you can build the site from scratch. The website's design should encourage shoppers to stay and make purchases. It should also include links to the business' social media pages, ways to subscribe to electronic newsletters and deals, and offer places to learn about other news going on in the company.

Shopping cart software: In order to sell items from an e-commerce website to customers, you need a shopping cart software. These programs give shoppers the chance to search the business' inventory to see what's available, select items they want to purchase and eventually buy them. In addition to assisting with transactions, many shopping cart software options include additional features for controlling inventory, setting up shipping and calculating taxes.

Payments: Next you need some way of accepting online payments. This normally means credit cards. There are also other types of payments that the shopping cart should handle, checks, e-checks, cod, phone orders and person-to-person.

Marketing: All successful e-commerce businesses have a strategy for attracting customers to their sites. Without a carefully thought-out plan, turning a profit becomes much more difficult. You need to have a good marketing strategy. This should include search engine optimization, pay-per-clicks, pop-unders, banner ads and affiliates, just to name a few.

Fontes: Brooks (2014) e Ropelato (2014).

>> Activities

1. Observe as ilustrações que acompanham o texto. Onde esse tipo de ícone aparece?
   a. Encartes com ofertas de supermercado.
   b. Seção de negócios de um jornal.
   c. Sites de compras on-line.
   d. Revistas especializadas em assuntos domésticos.
2. Leia o título e os subtítulos e responda:
   a. Qual assunto será tratado no texto?
   b. Quais tópicos serão abordados em relação a esse assunto?
3. Qual é o propósito do texto?
   a. Vender um produto.
   b. Convencer alguém de uma ideia.
   c. Descrever um fato.
   d. Dar instruções de como fazer algo.
4. Em dois minutos, escreva todas as ideias referentes ao assunto identificado que vierem à sua mente.
5. Faça uma lista de palavras e expressões em inglês relacionadas ao assunto do texto (itens que você já conhece).
6. Utilize a estratégia *scanning* e responda:
   a. O que é o "nome de domínio"?
   b. Cite duas outras formas de pagamento para compras on-line além do cartão de crédito.
7. Aplique a estratégia *skimming* e faça uma lista (em português) de tudo que você precisa para abrir um negócio on-line.
8. Identifique todas as palavras que você já conhece:
   a. Os cognatos.
   b. Os falsos cognatos.
   c. As palavras que apresentam afixo (explique a formação delas).
9. Considere as frases extraídas do texto:

   "This can be an existing website to which you can add e-commerce capabilities or you can build the site from scratch".

   "In addition to assisting with transactions, many shopping cart software options include additional features for controlling inventory, setting up shipping and calculating taxes".

   Você consegue compreender com clareza as duas frases? Caso não consiga, identifique a(s) palavra(s) desconhecidas e descreva a estratégia que você usou para chegar ao significado delas.

10. Leia o tópico **Website** e responda:
    a. Quais as duas opções para utilização de um website?
    b. Como deve ser o *design* de um website? O que deve conter?

BIBLIOGRAPHY

BANERJI, A.; GHOSH, A. M. *Multimedia technologies*. New York: McGraw Hill, 2010.

BROOKS, C. E-commerce websites: how to start an online business. *Business News Daly*, 7 apr. 2014. Disponível em: <http://www.businessnewsdaily.com/4707-ecommerce-website-guide.html>. Acesso em: 04 nov. 2014.

CAIRNS, N. End term picnic the "best day ever" at Forest Street. *The Courcier*, 4 apr. 2014. Disponível em: <http://www.thecourier.com.au/story/2198140/end-of-term-picnic-the-best-day-ever-at-forest-street/>. Acesso em: 04 nov. 2014.

CAVALCANTI, M. C. *Interação leitor-texto*: aspectos de interação pragmática. Campinas: UNICAMP, 1989.

EDIGER, A.; PAVLIK, C. *Reading connections*: skills and strategies for purposeful reading. Oxford University Press, 2000.

HARRISON'S videos. c2011. Disponível em: <http://www.harrisonsim.com/videos.html>. Acesso em: 04 nov. 2014.

INTERNET users. 2014. Disponível em: <http://www.internetlivestats.com/internet-users/>. Acesso em: 04 nov. 2014.

NARDI, M. I. A. *Estratégias específicas de vocabulário em LE*. São Paulo: Unesp, 2011. Disponível em: <http://www.acervodigital.unesp.br/bitstream/123456789/40257/2/ing_m2d3_tm02.pdf.>. Acesso em: 03 nov. 2014.

ROPELATO, J. *What is needed to start an e-commerce site?* 2014. Disponível em: <http://www.shopping-cart--review.toptenreviews.com/what-do-i-need-article.html>. Acesso em: 04 nov. 2014.

SCHÜTZ, R. *Falsos conhecidos*: false friends. 2012. Disponível em: <http://www.sk.com.br/sk-fals.html>. Acesso em: 03 nov. 2014.

TALUKDER, A. K.; AHMED, H.; YAVAGAL, R. R. *Mobile computing*: technology, applications and service creation. New York: McGraw Hill, 2010.

VAUGHAN, T. *Multimedia*: making it work. New York: McGraw Hill, 2011.

chapter 2

Sending a support contact e-mail

Enviando um e-mail de contato ou de suporte de atendimento

Com a facilidade de acesso à Internet, diversos serviços antes realizados pessoalmente, ou via correio, passaram a ser executados on-line. Um exemplo da substituição dos serviços físicos pelos serviços virtuais é o uso do e-mail, ou mensagem de correio eletrônico. Neste capítulo, apresentaremos as principais características do e-mail de suporte ou de atendimento a um cliente, em língua inglesa, para que você possa se comunicar com eficácia e dentro das especificidades deste gênero tão prático e útil em nosso dia a dia.

Objetivos de aprendizagem

» Reconhecer a função social do gênero e-mail de acordo com o contexto do interlocutor e dos assuntos abordados na mensagem.

» Aplicar as principais formas linguísticas de início e de término de uma mensagem próprios de um e-mail comercial.

» Identificar expressões e palavras que introduzem e relacionam tópicos na mensagem.

» Distinguir e empregar o vocabulário específico para a escrita de e-mails nas áreas de negócios e de tecnologia da informação.

» O contexto social e comunicacional do gênero e-mail

Ao longo dos últimos 15 anos, o acesso à Internet foi popularizado pelas altas demanda e diversidade na oferta de serviços de conexão, o que ocasionou a baixa nos preços. Os efeitos socioeconômicos que ajudaram a facilitar o acesso de grande parte da população à Internet com certeza trouxeram impactos também à forma como as pessoas se comunicam, com a massificação do uso do e-mail, por exemplo.

Segundo o Dicionário de Gêneros Textuais de Sérgio Costa (2009), o termo e-mail é uma abreviação da expressão em inglês *eletronic mail* – ou correio eletrônico, em português. Esse gênero textual compreende as mensagens eletrônicas trocadas entre usuários por meio de um endereço de correspondência eletrônica (o *endereço de* e-mail) via Internet. Considerando que essa troca de dados é praticamente instantânea, o e-mail é mais fácil de ser produzido e utilizado pelos falantes do que os gêneros semelhantes que cumprem a mesma função em meios físicos, como a carta, o bilhete, o recado, além dos praticamente já extintos telegrama e fax.

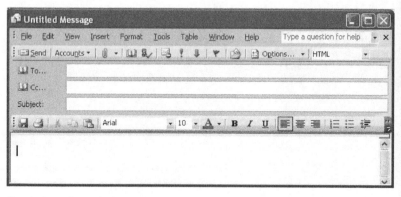

Figura 2.1 Exemplo de uma caixa de mensagem de e-mail.
Fonte: As autoras.

No entanto, mesmo parecendo similares, esses gêneros possuem diferenças, especialmente com relação ao contexto em que são produzidos. O **contexto de produção de um gênero** envolve aspectos como:

» A situação social na qual o texto está sendo produzido.
» O objetivo principal do texto e a mensagem a ser enviada.
» Quem é o emitente – aquele que escreve a mensagem.
» Quem é(são) o(s) interlocutor(es) – para quem se está escrevendo.
» Quais são os papéis sociais do emitente do texto e do interlocutor.

Para que você entenda melhor como funciona a questão do contexto de comunicação, vamos analisar e descobrir a qual é gênero textual os três textos a seguir pertencem: carta, e-mail ou bilhete.

>> EXAMPLE

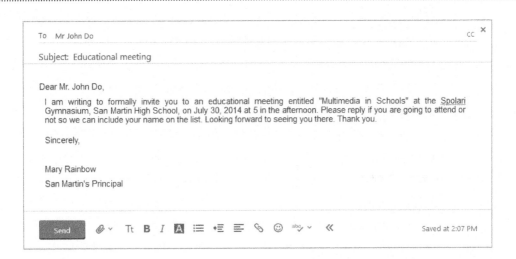

>> EXAMPLE

28 Disappointed Street
Unhappy City
UNHAPPY

1AM 2MAD

July 17, 2014

Customer Service Manager
Unpleasant Company

11 Annoying Street

Somewhere Troublesome
DISTURBANCE

UR 2BAD

Dear Sir/Madam,

Re: Order 11111

On July 10, 2014, I placed the above order for a Smartphone XYZ, for which I paid in advance. The item has still not been delivered.

I am now making time of the essence. If you do not send me the item within 7 days, I will consider our contract at an end and will expect you to refund the full purchase price to me.

Yours sincerely,

Jane Doe

>> **EXAMPLE**

> Kelly,
>
> please don't forget to turn off the lights when you leave the office.
>
> Joan

Now it's your turn!

Sobre cada um dos textos apresentados nos exemplos, responda:

>> Quem é o autor?
>> Que papel social tem o autor ao escrever o texto?
>> Quem é o interlocutor?
>> Que papel social tem o interlocutor?
>> Qual é o objetivo do texto?

Com essa atividade, é possível analisar alguns aspectos importantes a respeito da função social e de comunicação de um e-mail na esfera empresarial:

>> O e-mail é uma forma mais rápida, econômica e simples de se comunicar com um cliente ou uma empresa.
>> No ambiente empresarial, o e-mail é um gênero textual extremamente útil e eficaz para os objetivos de comunicação.
>> O e-mail pode ser tanto informal quanto formal, podendo ser enviado para clientes, fornecedores ou parceiros de negócios.

» Pedidos de compra e venda, sugestões ou reclamações também podem ser recebidos por e-mail. O responsável pelo setor de suporte deve saber encaminhar e/ou responder essas mensagens de forma adequada, lembrando que um bom contato com os clientes e fornecedores é a garantia de manter bons negócios.

» A estrutura do e-mail

O e-mail, justamente por ser produzido em um sistema eletrônico, oferece ao usuário diversas possibilidades técnicas. Seus recursos podem modificar a estrutura do texto, em si, e também a edição, a produção e a recepção da mensagem. Algumas destas **possibilidades técnicas** são:

» Cópia, colagem e recorte de partes de outro texto, ou da própria mensagem.

» Uso de arquivos anexos de imagem, texto, som e vídeo. O uso dos recursos midiáticos não verbais extrapola os anexos, e esses recursos podem estar incluídos no próprio corpo da mensagem. É comum, por exemplo, que o logotipo da empresa que está enviando o e-mail, ou respondendo a alguma mensagem, esteja presente no corpo do e-mail, mais ou menos como o timbre, antigamente utilizado nas cartas comerciais.

» A mensagem pode ter um único destinatário ou vários, por meio do recurso de cópia (Cc). Alguns destinatários podem, ainda, receber uma cópia oculta do documento (Cco), sem que os demais tenham conhecimento – esse recurso é usado, por exemplo, para que alguém que ocupa um cargo superior ao do remetente receba uma cópia da mensagem como comprovante do envio.

As Figuras 2.2 e 2.3 apresentam exemplos de caixas de texto para produção de um e-mail de dois provedores distintos: o Gmail, serviço de mensagens gerenciado pelo Google, e o Yahoo!. Ambos têm acesso grátis, e qualquer pessoa pode abrir uma conta para obter um endereço eletrônico nesses provedores, podendo acessar sua caixa de e-mails de qualquer lugar do mundo. É possível que cada provedor tenha uma estrutura diferenciada no *layout* e no *design* da caixa de texto para escrever o e-mail. Contudo, é uma questão de tempo até que você esteja adaptado ao provedor que escolhe utilizar.

Figura 2.2 Caixa de texto do provedor Gmail.
Fonte: As autoras. (Imagem do e-mail pessoal das autoras em www.gmail.com.)

Figura 2.3 Caixa de texto do provedor Yahoo!.
Fonte: As autoras. (Imagem da tela de e-mail pessoal de uma das autoras em www.yahoo.com.br/mail.)

Em ambas as caixas de texto dos provedores, é possível identificar os seguintes **elementos de estrutura textual do gênero e-mail**:

» Linhas para preenchimento com o endereço do destinatário.
» A data e a hora de envio da mensagem são preenchidas automaticamente, de acordo com a configuração da conta de e-mail.
» As abreviações "cc" (com cópia) e "cco" (com cópia oculta) podem ser preenchidas para envio da mesma mensagem a mais de um destinatário.
» A linha intitulada "assunto" é preenchida com algo que remeta ao conteúdo do e-mail, de forma sucinta.
» No final da caixa de texto, estão os elementos que possibilitam a formatação da mensagem. É possível alterar espaçamento, tipo, tamanho e cor da letra, fazer destaques dentro do texto e verificar a ortografia.
» Ao lado do botão "enviar" encontra-se o símbolo de um clipe de papel, que corresponde à opção de anexar arquivos. O tamanho e o tipo de arquivo a ser anexado é delimitado por cada provedor.

Em relação ao **conteúdo do texto**, sua estrutura geralmente é organizada da seguinte forma:

» Uso de um vocativo, seguido do nome do destinatário.
» Uma saudação no início da mensagem, adequada ao contexto e à situação da mensagem.
» O corpo da mensagem, que pode conter mais de um parágrafo, quando necessário – considerando que cada parágrafo compreenda um tópico frasal.
» Uma saudação de despedida.
» Assinatura – que pode ser pré-formatada, apresentando não apenas o nome do emitente, mas também seu cargo/função na empresa e seu contato telefônico.

No exemplo a seguir, é possível observar como esses elementos se articulam dentro do corpo do e-mail.

Now it's your turn!

1. No exemplo de e-mail apresentado, acontece uma situação específica. Você consegue identificar que situação é essa?
2. Quais saudações específicas foram utilizadas no início e no final da mensagem? O que elas significam?
3. O autor do e-mail está aguardando uma resposta? Que palavras ou expressões deixam claro que você deve responder à mensagem? (Lembre-se das estratégias de leitura que apresentamos no Capítulo 1 para ajudá-lo nesta tarefa.)
4. Resuma, em até quatro linhas, a ideia principal expressa pela mensagem.

Como você pode observar, existem elementos de linguagem específicos que são utilizados na escrita de e-mails comerciais. Vamos ver com mais detalhes esses elementos na próxima seção.

Elementos linguísticos essenciais do e-mail

Conforme já vimos nos tópicos anteriores deste mesmo capítulo, a estrutura e a organização textual de um e-mail dependem, basicamente, do contexto da mensagem, da situação em que os interlocutores se encontram e do tipo de relação que eles possuem. Assim, os e-mails mais formais são, em geral, enviados para pessoas que não conhecemos e/ou que não trabalham na mesma empresa em que atuamos. Da mesma forma, mensagens com menor grau de formalidade são enviadas geralmente para colegas de trabalho ou de profissão, ou para pessoas que já conhecemos.

No quadro a seguir, apresentamos algumas opções de **opening and closing expressions**, ou seja, expressões utilizadas na abertura e no fechamento do e-mail, de acordo com os diferentes níveis de formalidade da mensagem.

Quadro 2.1 » **Expressões utilizadas na abertura e no fechamento do e-mail**

Formal e-mails

Se estiver escrevendo para alguém cujo nome você desconhece

Opening	*Dear Sir or Madam; Dear Sir / Madam; To whom it may concern* (para enviar um e-mail cujo destinatário é desconhecido – equivale à expressão "a quem interessar possa" em português).
Closing	*Yours faithfully* (UK); *Sincerely* (US)

(cont.)

Quadro 2.1 » **Expressões utilizadas na abertura e no fechamento do e-mail (cont.)**

Se estiver escrevendo para alguém cujo nome você conhece

Opening	*Dear Mr. Thomas; Dear Dr. Thomas; Dear Ms. Smith* (use para mulheres casadas ou não); *Dear John Thomas.*
Closing	*Regards; Yours sincerely* (UK); *Sincerely* (US).

Informal e-mails

Opening	*Hi John; Hello Olivia; Hi* ou *Hello* (essas expressões também podem ser usadas sem o nome do interlocutor); *John* (é possível começar o e-mail apenas com o primeiro nome do interlocutor).
Closing	*Thanks; Hope to hearing from you soon.*

Semi-formal e-mails

Opening	*Dear John; Dear Olivia.*
Closing	*Thanks; Best regards; Yours.*

» **CURIOSITY**
Também é possível iniciar um e-mail informal sem nenhuma expressão específica, partindo diretamente à mensagem.

» **HINTS AND TIPS**
Se você tiver dúvidas sobre quão formal sua mensagem deve ser, é possível enviar um e-mail semiformal.

Após o uso da expressão de saudação, você pode iniciar o texto agradecendo seu interlocutor pelo e-mail enviado anteriormente e/ou especificando o objetivo de sua mensagem. A seguir, apresentamos algumas **sugestões de frases para auxiliar na construção de um primeiro parágrafo**.

» Para esclarecer o motivo do contato ou responder a um contato anterior ou anúncio:
   » I am writing to confirm...
   » I am writing to apologize for...
   » I am writing to enquire about...
   » I am writing to you in response to your advertisement for...
   » I received your address from... and would like...
   » I recently wrote to you about...
   » In reply to your letter of 8 May, ...
   » With reference to your letter of 8 June, I...
   » With reference to your advertisement in...
   » With reference to your phone call today, ...
   » After having seen your advertisement in... , I would like...
   » After having received your address from..., I...

- » Para agradecer uma mensagem enviada anteriormente:
  - » Thank you for your letter of 8 May.
  - » Thank you for your letter regarding…
  - » Thank you for your letter/e-mail about…

A partir dessas expressões, é possível iniciar a mensagem do corpo do texto. Você também pode apresentar-se e justificar o motivo de seu contato, conforme o exemplo a seguir.

> » **IMPORTANT**
> Os e-mails semiformais são escritos para pessoas que você não conhece muito bem e, portanto, não sabe se precisa tratar com formalidade ou não. Uma dica é utilizar, em sua resposta, o mesmo estilo de estrutura e de linguagem do e-mail que seu interlocutor enviou para você.

» EXAMPLE

Em relação ao conteúdo do e-mail, os contatos no ambiente empresarial ocorrem geralmente por quatro razões:

- » Pedidos de desculpas (*apologizing*).
- » Reclamações sobre produtos e serviços (*complaining*).
- » Oferta de ajuda ou fornecimento de informações (*offering help/giving information*).
- » Solicitações ou pedidos de informações (*making a request/asking for information*).

Cada uma dessas situações compreende um conjunto de frases e um vocabulário específicos, além, é claro, de um estilo de linguagem e de uma estrutura frasal determinadas. Com o objetivo de facilitar e agilizar seu processo de produção textual de um e-mail, disponibilizamos, no quadro a seguir, exemplos de frases que podem ser utilizadas em diferentes situações de e-mails, tanto formais quanto informais.

Quadro 2.2 » **Frases para diversas situações de e-mails**

Apologizing

Formal	Informal
» We would like to apologize for any inconvenience caused. » Please accept our apologies for the delay. » Please let us know what we can do to compensate you for the damages caused. » We will make sure that this will not happen again in the future. » I am afraid I will not be able to attend the conference.	» I'm sorry for the trouble I caused. » I apologize for the delay. » I promise it won't happen again. » I'm sorry, but I can't make it to the meeting.

Complaining

Formal	Informal
» I am writing to express my dissatisfaction with… / to complain about… » I regret to say that I was not completely satisfied with the room you provided us. » We regret to inform you that your payment is considerably overdue. » I would like to receive a full refund and compensation for the damages. » I am interested to hear how your company can compensate us for the distress we suffered.	» I'm sorry to say that you're late with the payments. » I hope you won't mind me saying that the place you'd recommended to us wasn't as nice as we'd expected.

Quadro 2.2 » **Frases para diversas situações de e-mails (cont.)**

Offering help/giving information

- We are happy to let you know that your article has been selected for publication.
- I am glad to inform you that we will be holding our annual conference in Brussels on 20 September 2014.
- We regret to inform you that the show has been cancelled due to bad weather conditions.
- We are willing to arrange another meeting with the CEO.
- We would be glad to send you another statement if necessary.
- Please, let me know if I can be of further assistance.
- Should you need any further information/assistance, do not hesitate to contact us.

- I'm sorry, but I can't make it tomorrow. / I can't come tomorrow.
- I'm happy to tell you that John and I are getting married next month.
- Would you like me to come early and help you clean up the place?
- How about I come and help you out?
- Do you need a hand with moving the furniture?

Making a request/asking for information

Formal	Informal
» Could you please let me know if you can attend the fair/if you are available for a meeting on 12 December? » I would appreciate it if you could send me a brochure/if you could reply within two days. » Could you possibly arrange a meeting with my secretary? » I would also like to know if there are any swimming pools in your area. » Please, let me know how much the tickets cost.	» I was wondering if you could come and see me sometime next week. » Would you mind coming early to help me clean up the place? » Do you think you could call Jerry for me? » Can you call me/get back to me asap? (as soon as possible)

Algumas frases, é claro, necessitam de adaptações para os contextos e as situações de comunicação em que você as utilizará. Para isso, é importante ter acesso a um *corpus* de vocabulário em língua inglesa comum à sua área de atuação. Considerando que, no ensino técnico, muitos e-mails são produzidos no ambiente empresarial ou estão relacionados aos contextos de assistência técnica e tecnológica, preparamos um *sample* – ou exemplo – de termos dessas duas áreas que podem ser úteis no momento de produção de sua mensagem.

Quadro 2.3 » **Vocabulary for business**

Nouns	Verbs
Advantage	Accept
Advertisement	Add
Advice	Admit
Agenda	Advertise
Apology	Advise
Authorization	Afford
Bill	Approve
Brand	Authorize
Budget	Avoid
Commission	Borrow
Comparison	Build
Competition	Buy
Competitor	Calculate
Confirmation	Cancel
Costs	Change
Creditor	Charge
Customer	Check
Deadline	Choose
Debt	Complain
Debtor	Complete
Decision	Confirm
Decrease	Consider
Deficit	Convince
Delivery	Count
Department	Decide
Description	Decrease
Difference	Deliver
Disadvantage	Develop

Quadro 2.3 » Vocabulary for business

Nouns	Verbs
Distribution	Discount
Employee	Dismiss
Employer	Dispatch
Enquiry	Distribute
Environment	Divide
Equipment	Employ
Estimate	Encourage
Experience	Establish
Explanation	Estimate
Facilities	Exchange
Factory	Extend
Feedback	Fix
Goal	Fund
Goods	Improve
Growth	Increase
Guarantee	Inform
Improvement	Install
Increase	Invest
Industry	Invoice
Instructions	Join
Interest	Lend
Inventory	Lengthen
Invoice	Lower
Knowledge	Maintain
Limit	Manage
Lossmargin	Measure
Market	Mention
Message	Obtain
Mistake	Order
Objective	Organize
Offer	Owe
Opinion	Own
Option	Pack
Order	Participate

(cont.)

Quadro 2.3 » Vocabulary for business (cont.)

Nouns	Verbs
Output	Pay
Payment	Plan
Penalty	Present
Permission	Prevent
Possibility	Process
Product	Produce
Production	Promise
Profit	Promote
Promotion	Provide
Purchase	Purchase
Reduction	Raise
Refund	Reach
Reminder	Receive
Repairs	Recruit
Report	Reduce
Responsibility	Refuse
Result	Reject
Retailer	Remind
Rise	Remove
Risk	Reply
Salary	Resign
Sales	Respond
Schedule	Return
Share	Rise
Signature	Sell
Stock	Send
Success	Separate
Suggestion	Shorten
Supply	Split
Support	Structure
Target	Succeed
Transport	Suggest
Turnover	
Wholesaler	

Quadro 2.4 » Vocabulary for IT (Information Technology)

Nouns	Verbs
File	Cancel
Keyboard	Database
Host	Null
Delay	Save as
Desktop	Random / randomly
Server	Password
Search (ing)	Error
Browser	Hard
Delete	Drive
System	Install
Web	Line up
Site	Away
Properties	Online
View	Offline
Insert	Repair
Sidebar	Fix
Redo	Download
Run	Device
Path	Upload
Page	Busy
Icons	Buffer (ing)
Equals	Load (ing)
Screen	Switch
Audio	User
Photo	Tool
Video	Update
Send	Upgrade
Forward	Default
Layout	Mail
Copy	Preview
Cut	Document
Paste	Print (ing)
Address	Setup
Accept	

» HINTS AND TIPS
Os organizadores textuais são conhecidos também como operadores argumentativos ou conetivos.

Outros elementos de linguagem muito importantes na produção de textos são palavras e expressões denominadas **organizadores textuais**, utilizados para construir relações entre trechos do texto, estabelecendo a coesão e facilitando a progressão da mensagem a ser comunicada. Essas palavras e expressões tecem conexões dentro do texto e dão sequência aos parágrafos e às ideias expressas.

Justamente por seu papel de estabelecer significado entre os parágrafos, **os organizadores possuem diferentes funções de sentido**. Algumas delas são:

» Estabelecimento de relações entre ideias contrárias.
» Adição de novas ideias.
» Introdução de conclusões.
» Articulação da sequencialidade do texto.

Alguns exemplos de conetivos são apresentados no quadro a seguir.

Quadro 2.5 » Conectors and possible translation in Portuguese

Expressing cause and effect	
Therefore	Portanto
Consequently	Em consequência disso
So	Então
So that	A tal ponto que
Expressing cause	
Because	Porque
Due to	Em razão; em virtude de (funciona como um "porque" mais formal)
Expressing contrast	
Although	Embora
Even though	Mesmo que
Though	Embora; mas

Quadro 2.5 » Conectors and possible translation in Portuguese

Despite of	Apesar de
In spite of	Apesar de
But	Mas
While	Enquanto
However	No entanto; contudo
Nevertheless	No entanto; contudo
Nonetheless	Todavia
On the other hand	Por outro lado
On the contrary	Pelo contrário
Expressing additional ideas/information	
And	E
Not only... but	Não só...mas também
Expressing condition	
In case	Em caso de
If	Se
Unless	A não ser que
As long as	Contanto que; desde que

Antes do fechamento da mensagem, você pode precisar **anexar documentos**, e isso deve ser sinalizado no corpo do texto do e-mail. Algumas sentenças utilizadas para indicar ao interlocutor que há documentos anexados, ou mesmo para contextualizar ou justificar o envio dos mesmos, podem ser construídas de maneira formal ou mais informal.

Você também pode utilizar uma sentença específica quando há **problemas na visualização ou no download dos arquivos enviados** na mensagem original. Veja alguns exemplos a seguir.

>> EXAMPLE

Formal

- I am attaching my CV for your consideration.
- I am sending you the brochure as an attachment.
- Please see the statement attached.
- Please find attached the file you requested.
- I am afraid I cannot open the file you have sent me.
- Could you send it again in ... format?

Informal

- I'm attaching/sending you the holiday photos.
- Sorry, but I can't open it. Can you send it again in ... format?

Já para finalizar sua mensagem, existem frases específicas, chamadas *closing sentences* (ou sentenças de fechamento, na tradução literal), que podem ser utilizadas em mensagens mais formais, especialmente nos ambientes empresarial e acadêmico. Essas frases de fechamento servem, geralmente, para solicitar uma resposta de seu interlocutor ou para colocar-se à disposição dele em caso de dúvidas. Existem opções formais e informais de **frases de fechamento**, como apresentamos a seguir.

- **Solicitação de resposta do interlocutor:**
    - **Formal**

        We look forward to welcoming you as our customer.

        I look forward to an opportunity to speak with you personally.

        I look forward to a successful working relationship in the future.

        I would appreciate your immediate attention to this matter.

        Your prompt reply is very much appreciated.

    - **Informal**

        I look forward to your reply.

        I look forward to seeing you.

        I look forward to hearing from you.

        I look forward to hearing from you soon.

        I look forward to meeting you next Tuesday.

        I look forward to seeing you next Thursday.

I hope to get answers from you.

Good luck and I look forward to your response!

» **Disponibilidade para solucionar dúvidas futuras:**
  » **Formal**

    If you require any further information, feel free to contact me.

    If you have any questions, please don't hesitate to contact us.

    Should you need any further information, please do not hesitate to contact me.

  » **Informal**

    Please contact us again if we can help in any way.

    Please contact us again if there are any problems.

    Please contact us again if you have any questions.

>> SUMMARY

A seguir, apresentamos um roteiro de produção de um e-mail, que pode ser usado como uma *check list* com os principais elementos de uma mensagem em inglês. Após, há um exemplo que reúne todos esses elementos.

1. **E-mail address:** o endereço de correio eletrônico deve ser neutro, ou seja, deve conter o nome do remetente e o provedor da empresa. Também pode conter referências à área de atuação, pois isso reforça a credibilidade como profissional. Endereços que fazem menção a algo pessoal, ou com apelidos e diminutivos, devem ser evitados.

2. **Subject:** o assunto ou título do e-mail deve ser objetivo e prático, para que o interlocutor possa inferir ou até mesmo identificar previamente o conteúdo da mensagem, optando por abrir aquelas com conteúdos que considera urgente.

3. **Opening greeting and salutation:** a saudação precisa ser adequada ao nível de formalidade da mensagem e também ao grau de proximidade e familiaridade com o interlocutor. Para isso, há expressões mais formais ou mais informais.

4. **Introduction:** se for o primeiro contato, é importante que uma apresentação seja feita, esclarecendo a função do remetente na empresa, bem como o motivo do contato. Caso seja uma mensagem em resposta a um e-mail enviado anteriormente, pode-se agradecer pelo contato antes de passar ao próximo parágrafo, que é o conteúdo propriamente dito da mensagem.

5. **Actual message:** após as apresentações, agradecimentos e introduções, a mensagem precisa ser desenvolvida. Aqui, é possível fazer pedidos de desculpas (*apologizing*); atender ou fazer reclamações sobre produtos e serviços (*complaining*); ofertar ajuda ou fornecer informações (*offering help/giving information*); ou, ainda, solicitar informações (*making a request/asking for information*).

(cont.)

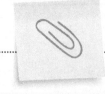

>> SUMMARY (cont.)

6. **Attachments**: é possível apresentar ou explicar os arquivos anexados à mensagem antes de finalizar o texto do e-mail. Além disso, caso arquivos anexados em mensagens anteriores tenham se extraviado, pode-se pedir esclarecimentos ao interlocutor antes do encerramento da mensagem.

7. **Closing remarks:** as mensagens de e-mail, especialmente as mais formais, são encerradas com dois itens específicos:
   a. Uma frase que pode solicitar uma resposta do interlocutor ou oferecer ajuda futura.
   b. Uma expressão chamada *leave-taking*, que funciona como uma expressão de despedida, antes da assinatura do emitente.

É importante estar atento, durante toda a mensagem, ao contexto e à situação do e-mail e, consequentemente, ao grau de formalidade do texto exigido pelos dois primeiros elementos.

>> EXAMPLE

Internet services — *Subject*

From: ddickens@internetproviders.com — *E-mail address*

Dear Customer, — *Opening greeting and salutation*

We are writing this letter in response to your complaint regarding Internet services at your office. Reviewing your file thoroughly, we owe you our deepest apology for the inconvenience caused. — *Introduction*

You have registered your complaint on June 30, 2014, on our online form. As specified, you are having a problem of low speed downloading. We have forwarded this matter to the installation group and by the end of this week they will contact you. You would be provided with a new router at your place and all the necessary adjustments.

Because of the inconveniences caused to you, we are going to provide you a free package of Internet services for six months[1] (information material about this package has been attached).[2] Once again, we are really very sorry for this. We promise to provide you and all of our customers high level of services in future.[3]

1 – Actual message
2 – Attachments
3 – Closing remarks

Yours in service,

Dick Dickens
Manager, Customer Solution

Send   Saved at 6:00 PM

Now it's your turn!

1. Escreva um e-mail em resposta a um cliente que adquiriu um equipamento de sua empresa e o contatou alegando estar tendo problemas com o suporte. A mensagem original do cliente foi a seguinte:

2. Produza uma mensagem de e-mail solicitando a uma distribuidora de produtos de importação um orçamento referente ao aluguel de um contêiner para transporte de produtos originários da China.

> BIBLIOGRAPHY
> COSTA, S. R. *Dicionário de gêneros textuais*. 2. ed. Belo Horizonte: Autêntica, 2009.

chapter 3

Preparing a scientific abstract

Preparando um resumo científico

Neste capítulo, apresentaremos um gênero textual acadêmico: o resumo científico – ou abstract, *em língua inglesa. O* abstract *resume as principais informações de um trabalho científico, geralmente um artigo resultante de uma pesquisa ou um trabalho a ser apresentado em algum evento científico. Assim, aprenderemos uma série de aspectos a respeito da produção de* abstract *em língua inglesa.*

Objetivos de aprendizagem

» Definir *abstract*.

» Identificar as semelhanças e as diferenças entre um resumo comum e um resumo científico-acadêmico (*abstract*).

» Listar os elementos necessários para produzir um bom *abstract*.

» Reconhecer as situações de produção e de circulação social dos textos pertencentes ao gênero.

» As funções social e comunicacional do *abstract*

O *abstract*, ou "abstrato", em sua tradução mais literal, compreende um resumo, "[...] conciso, coerente e objetivo dos pontos principais (objetivo, objeto, base teórica, metodologia [material e métodos], análise, resultados e conclusões) de um artigo científico, dissertação, tese [...]" (COSTA, 2009, p. 29). O autor Sérgio Costa, em seu dicionário de gêneros textuais supracitado, define o *abstract* como um gênero prioritariamente da esfera acadêmica, ou seja, que circula em ambientes sociais de comunicação acadêmicos – como universidades, cursos técnicos e publicações de cunho científico. O *abstract* é redigido em língua diferente do texto principal e, por isso, neste contexto, compreende o resumo de um trabalho científico em língua inglesa (quando o texto principal estiver publicado em língua portuguesa, no caso de estudantes brasileiros).

Para Anna Rachel Machado (2010), os *abstracts*, na verdade, seriam um "subgênero" ou um gênero "híbrido" do tradicional resumo. No entanto, uma das principais diferenças entre um *abstract* e um resumo convencional se concentra no fato de que o primeiro encontra-se rigidamente subordinado a normas acadêmico--científicas, conforme explicitado na publicação onde o trabalho científico será veiculado, ou de acordo com a normatização exigida pelos eventos científicos.

Isso implica que o *abstract*, na verdade, tem uma **função de comunicação própria**: resumir em língua inglesa um trabalho acadêmico-científico, para publicação em algum periódico da área ou para participação em algum evento, geralmente internacional. Porém, alguns dos elementos de sua estrutura variam de acordo com as exigências do local de circulação e de publicação.

A adequação do *abstract* às normas de publicação convencionadas pelo seu local de circulação é muito importante, e crucial para o sucesso ou aceite do trabalho. Motta-Roth e Hendges (2010) afirmam que, geralmente, a **aceitação do trabalho em um evento científico depende da construção do *abstract***, pois é ele que concentra as principais informações sobre o trabalho a ser apresentado ou publicado. É essencial, segundo as mesmas autoras (MOTTA-ROTH; HENDGES, 2010), que o texto do *abstract* contenha as informações mais relevantes a respeito do trabalho para:

> » Convencer o leitor do texto – geralmente, o corpo editorial de um periódico ou a comissão científica de um evento – no momento da avaliação.
>
> » Atrair o público em potencial que poderá assistir à apresentação no evento ou os leitores do texto na íntegra, no caso de um artigo em um periódico científico.

Para isso, é importante também estar atento às normas de publicação ou formatação exigidas pelo periódico ou pela comissão do evento, para que o texto, mesmo que bem construído, não seja recusado.

> » **KEY TERM**
> O **abstract** é o resumo, em língua inglesa, dos principais pontos apresentados por um artigo ou uma pesquisa a ser apresentada. Deve ser sucinto, porém sem deixar de fora as informações mais importantes sobre o trabalho original.

Antes de passarmos à estrutura do *abstract*, o Quadro 3.1 resume os três pontos essenciais para a construção de um bom resumo acadêmico em língua inglesa.

Quadro 3.1 » Processo de construção de um resumo acadêmico

Em relação à/ao...	O *abstract*...
Contexto de produção	Circula no âmbito acadêmico, em periódicos, e também regula a participação em eventos de natureza acadêmico-científica (congressos, seminários, conferências).
Função de comunicação	Persuade o leitor a ler o texto original, na íntegra, bem como a comissão avaliadora de um evento científico.
Conteúdo e estrutura	Reflete o conteúdo e a estrutura do trabalho que resume. É submetido às normas de publicação/formatação do periódico ou àquelas estabelecidas pela comissão científica de um evento.

Estrutura do *abstract*

Existem pontos essenciais que devem conduzir a construção do texto, e que constituem a estrutura principal do *abstract*. Assim, para construir um bom *abstract*, é preciso:

- Situar a pesquisa, construindo uma boa frase de **introdução**.
- Apresentar a pesquisa, indicando os **objetivos**.
- Descrever a **metodologia** utilizada para realizar a pesquisa ou o estudo.
- Sumarizar os principais **resultados**.
- Discutir a pesquisa, a partir dos resultados, apontando **conclusões** ou considerações.
- Apresentar as principais **palavras-chave** ou *keywords*, que indicam os principais temas abordados no trabalho.

A seguir, apresentamos um *abstract* de um artigo da área de ensino de línguas. Neste texto, destacamos os trechos que se referem a cada uma das partes que compõem a estrutura de um bom *abstract* e analisamos se elas cumprem suas funções.

>> EXAMPLE

ABSTRACT: Since the first publication of the PCNs (MEC, 1998), which are considered the main prescription of the educational politics in Brazil,[1] this paper aims to discuss in which ways these prescriptions influence the teacher's real work (BRONCKART, 2006) on Portuguese as mother language regular High School classrooms; in addition to the recent establishment of the Prova Brasil, an INEP's exam which is prepared based on the parameters.[2] Through a teacher's discourse,[3] final comments of this analysis point out to some of the difficulties faced by educators when they try to put into practice the teaching prescriptions to their classroom reality.[4] Moreover, the results of their attempt influence straightly the quality of their classes and, as a consequence, the students' success (or failure) in national exams such as Prova Brasil.[5]

1 – Introduction
2 – Objectives
3 – Methods
4 – Results
5 – Discussion

KEY WORDS: PCNs (National Curriculum Parameters). Teaching work. Prova Brasil (National Exams). Mother language teaching.

Fonte: As autoras.

>> Introduction: an overview of the research

A primeira parte do *abstract* corresponde à introdução do estudo apresentado. Em algumas áreas, essa frase de introdução, que em geral contextualiza o estudo, não é apresentada no texto, sendo este iniciado diretamente pelos objetivos propostos – a segunda etapa, de acordo com nosso esquema de passos já apresentado anteriormente. No entanto, em algumas áreas, especialmente nas ciências humanas e nas sociais aplicadas, é importante que haja uma frase de introdução que contextualize a temática do estudo.

A frase de introdução, quando se faz presente, situa o leitor em relação à temática da pesquisa, como se observa no exemplo do *abstract* colorido apresentado anteriormente, no qual a frase que inicia o texto (Since the first publication of the PCNs...) ainda não apresenta seus objetivos. Contudo, o leitor já é introduzido à da temática a ser abordada no estudo (documentos em relação às políticas educacionais vigentes no Brasil).

O trecho a seguir apresenta um exemplo de como começar um *abstract*. Ele introduz a temática da pesquisa, mostrando que outros estudos ainda não conseguiram cumprir com os objetivos ou não tiveram êxito em responder às perguntas que o atual está propondo.

> **>> EXAMPLE**
>
> The question of programming tools has been widely debated in Computing field, with scholars such as Van Tonder (2004) arguing that programming is a difficult practice which takes a long time to be developed with efficiency. However, these works/articles/arguments/perspectives have not adequately addressed the issue of the use of these tools in the classroom.

Objectives: presenting the research

O segundo passo para a construção de um bom *abstract* pode ser a utilização de uma frase inicial que apresente sua pesquisa. Em alguns contextos, é aceitável e até recomendado que se inicie o *abstract* com os objetivos do estudo, sem uma introdução temática anterior. Os objetivos devem ser expressos claramente – lembrando que o *abstract* é um gênero cujo texto apresenta informações claras, precisas e objetivas.

Duas das principais formas de introduzir os objetivos de um *abstract* em inglês são:

» The main objective of this paper is...
» This paper aims at discussing/presenting...

Outras formas de introduzir os objetivos de seu estudo no *abstract*:

» My paper addresses the issue of the use of specific terms in Business classes with special attention to vocabulary in use.
» Specifically, in my project, I will be looking at the development of didactic tools for learning Physics in High School.

Methods: what, where, when, how

Dentro de um *abstract*, um dos trechos mais importantes é constituído pela descrição dos procedimentos metodológicos, pois são eles que clarificam e ilustram aos leitores informações a respeito de onde, quando e como o estudo foi desenvolvido. Também podem ser apresentados os dados, gerados ou coletados, que serviram de base para as análises.

Algumas maneiras de introduzir a parte metodológica do estudo dentro do *abstract* são:

» In order to show how the use of compilators in classroom works, I will...
» I will discuss the theory of classes and the theory of relations, and juxtapose them against each other, in order to reveal the previously misunderstood connections between classes and relations.

» This study examines the use of specific terms in the role of Business writing context. A questionnaire and interviews were used to collect data about how terms related to Business and Management contexts have been used by scholars in scientific articles.

» Results: your arguments

A seção de resultados aponta o que foi encontrado após a análise dos dados. Como toda a extensão do texto do *abstract,* o relato das análises deve ser claro e objetivo, sendo os resultados apresentados de forma sumarizada.

As formas mais comuns de iniciar a exposição de resultados em um *abstract* se referem ao que os resultados encontram ou apontam, conforme os exemplos:

» Final comments of this analysis point out to some of the difficulties faced by...
» I argue that...
» Results point out to...
» The preliminary results of the research show that...

Além disso, alguns verbos e locuções são muito utilizados na apresentação dos resultados em um *abstract*. Dentre eles, podem ser destacados: *find out, confirm, point out to, show.*

» Conclusion: a summing up closure for the next steps

Na frase de fechamento do *abstract,* ou de conclusão, os resultados encontrados devem ser utilizados para propor perspectivas futuras de novos estudos, apontar novos caminhos na trajetória da mesma pesquisa, ou, ainda, confirmar e reafirmar a importância do estudo realizado em determinada área.

A conclusão ou as considerações de um *abstract*, justamente por serem responsáveis por apresentar os próximos passos do estudo, podem ser construídas de três maneiras principais:

» The results of this research influence straightly the quality of classes and, as a consequence, the results in students' learning.
» In conclusion, this project, by closely examining students' practices, sheds new light on the neglected/little recognized/rarely acknowledged issue of the use of compilers in Algorithms classroom.
» The conclusion can also be drawn that...

Assim, seguindo os passos e os modelos de sentenças apresentados, você pode construir seu próprio *abstract* de maneira clara, concisa e eficaz. Basta apenas dominar um pouco do vocabulário referente ao seu trabalho. Se preferir, você pode também consultar alguns termos mais utilizados na área de tecnologia e negócios disponibilizados no Capítulo 2, que abordou a escrita de e-mails comerciais.

Elementos linguísticos essenciais

Para ilustrar a utilização de determinados elementos de estrutura da língua nos *abstracts*, vamos observá-los em uso no texto a seguir, de Palma, Alves e Silva (2013), que trata da questão da sustentabilidade em aulas de gestão.

>> EXAMPLE

The Federal Institutes of Education, Science and Technology (IF) were recently created in Brazil with the purpose of supplying the demand for qualified technical manpower, which has increased in the country. They aggregate quality to the curriculum, integrating technical and basic knowledge and aiming at preparing students for life and qualify them for citizenship. Such institutions demonstrate a concern with sustainability issues in their documents. Some studies have pointed out the importance of the inclusion of discussions on education for sustainability in educational institutions and also in management courses. Thus, the present study aims at identifying how the issues related to this topic are being addressed in Brazilian Federal Institutes, especially at the Federal Institute of Education, Science and Technology of Rio Grande do Sul (IFRS). In order to accomplish this, an exploratory survey was conducted, outlined by a descriptive scope, to verify how the sustainability issue has been addressed in the IFRS technological courses in Business and Management axis, according to the National Catalogue of Technological Higher Education Courses and to the Ministry of Education's National Catalogue of Technical Courses. It was observed that, despite IFRS shows a concern with the sustainability issues in their documents, there is not an institutional policy that integrates the actions related to sustainability in the institution at a whole, whereas the inclusion of the theme in the courses occurs in different ways, by the initiative of some teachers. However, some projects that aim at inserting sustainability in Business and Management courses can be verified already, such as the projects being developed at Campus Canoas e Osório – which are also presented in this study. It is important to emphasize that the projects are under implementation, which still does not allow an evaluation regarding their results. Nevertheless, these could provide the basis for actions in an institutional level and a pattern for other levels and educational institutions.

Os trechos destacados com cor no corpo do texto enfatizam o uso de **verbos no pretérito**. Em inglês, para relatar que uma ação já ocorreu no passado, podemos

>> **HINTS AND TIPS**
O uso da estrutura apresentada anteriormente é muito comum para introduzir o estudo dentro do *abstract* e também ao se apresentar os objetivos e a justificativa do trabalho.

fazer uso das estruturas do **simple past** ou past simple (passado simples), ou do **present perfect**, um tempo que demonstra ações que iniciaram no passado e continuam ocorrendo no presente, ou que iniciaram e foram finalizadas no passado, porém, com resultados que continuam tendo influência no presente.

No âmbito do *abstract* utilizado como exemplo, a sentença "Some studies have pointed out the importance of the inclusion of discussions on education for sustainability in educational institutions and also in management courses" implica que alguns estudos vêm sendo realizados (alguns já foram feitos e outros continuam a surgir) e têm apontado a importância da discussão sobre a questão da educação para a sustentabilidade.

Outra estrutura de linguagem bastante utilizada em *abstracts* é a **voz passiva ou da 3ª pessoa do singular** utilizada para atribuir subjetividade às ações desempenhadas no estudo que está sendo resumido (conforme trechos sublinhados no texto). A voz passiva é formada, em inglês, pelo uso da conjugação do verbo be + o verbo da ação expressa em sua forma no particípio.

No exemplo anterior, temos a sentença "[...] an exploratory survey was conducted, outlined by a descriptive scope [...]", que apresenta a metodologia do estudo. Segundo a frase, uma pesquisa exploratória foi conduzida, delineada por um escopo descritivo. Em ambas as ações, sabemos o que foi realizado, mas não podemos afirmar, de fato, quem realizou a pesquisa ou delineou o escopo descritivo. Esse é justamente o papel principal do uso da voz passiva, que destaca a ação realizada, e não quem a realizou.

O uso de **sentenças simples e declarativas** (ver Quadro 3.2 sobre verbos declarativos), que apenas apresentam as ações realizadas no estudo, é outra característica do tipo de linguagem utilizado em *abstracts*. Uma dica importante é sempre seguir a tradicional forma da estrutura de um *statement* (frase afirmativa declarativa em inglês).

Figura 3.1 Estrutura de um *statement*.
Fonte: As autoras.

Utilizando uma frase do *abstract* do exemplo anterior, é possível ilustrar essa estrutura da seguinte maneira.

Figura 3.2 Exemplo de um *statement*.
Fonte: As autoras.

Quadro 3.2 » Verbos declarativos mais comuns

Acrescentar	Add
Afirmar	Assert/affirm
Alegar	Claim
Apontar/Assinalar	Point out
Comentar	Comment
Declarar	State
Defender	Defend
Denunciar	Denounce
Destacar	Highlight
Explicar	Explain
Garantir	Ensure
Indicar	Indicate
Insistir	Insist
Mencionar	Mention
Observar	Note
Relatar	Report
Sugerir	Suggest
Questionar	Question

Por fim, é de extrema importância que você se atenha a uma última característica linguística peculiar de gêneros de texto concisos e objetivos, a exemplo do *abstract*. Nesse gênero, o uso de adjetivos que qualificam o trabalho é praticamente inexistente, por uma simples razão: o texto deve ser claro e preciso, apenas apresentando os principais pontos que compõem o estudo que você realizou.

É natural que você, como autor de um trabalho, considere seu trabalho bom o suficiente para que ele seja publicado ou aceito para apresentação. Porém, em termos de estrutura, a qualidade do texto deve ficar clara não com o uso de termos qualificadores, mas sim a partir de uma boa estruturação e entrelaçamento entre os objetivos propostos, a metodologia utilizada para alcançá-los e os resultados obtidos. Se esses elementos estão coesos, não é necessário adjetivar, pois o texto é qualificado por si só.

>> One last word... about keywords

As palavras-chave, ou *keywords*, são um **elemento pós-textual** dos *abstracts*. Também são muito importantes para complementar o objetivo comunicacional do gênero, ou seja, convencer o leitor a ler o texto na íntegra ou a aceitar sua apresentação em algum evento científico. As *keywords* são as palavras mais importantes do estudo, que resumem e definem a temática principal de seu trabalho.

Como escolher as *keywords*? A resposta para essa pergunta é, na verdade, também a chave para a construção de um bom *abstract*. Considerando que o limite de palavras pode ser bastante restrito, é fundamental que você escolha bem os termos que vai utilizar, por meio de sua capacidade de síntese. Para sumarizar em poucas palavras seu trabalho, as *keywords* devem funcionar, literalmente, como "chaves" que abrem portas para novas compreensões a respeito do trabalho. Portanto, as palavras escolhidas devem ser aquelas que aparecem com certa **regularidade e frequência** ao longo do texto, e também aquelas que, mesmo não apresentando um grande número de ocorrências, relacionam-se diretamente à temática do trabalho.

>> SUMMARY

O *abstract* resume um trabalho acadêmico-científico em língua inglesa, para publicação em algum periódico da área ou participação em algum evento, geralmente internacional.

Estrutura
- Introdução.
- Objetivos.
- Metodologia utilizada.
- Principais resultados.
- Conclusões ou considerações.
- Palavras-chave ou *keywords*.

Elementos linguísticos
- Verbos no *simple past* ou *present perfect*.
- Voz passiva ou 3ª pessoa do singular.
- Sentenças simples e declarativas.

Now it's your turn!

Com base no *abstract* a seguir (SELISTRE, 2011), responda às questões de 1 a 5.

Collocations are recurrent lexical combinations that are specific to each language. Such specificity poses problems for foreign language learners to produce these combinations accurately. Considering this, we decided to verify how Portuguese/English active school dictionaries – pedagogical tools used in text production - deal with the verbal collocations. In this paper, we describe the results of our study as well as we present a proposal for the integration of those combinations in school dictionaries.

1. Por que o estudo foi realizado?
2. Quais procedimentos foram utilizados?
3. Quais foram os resultados?

(cont.)

>> Now it's your turn! *(cont.)*

4. O que esses resultados significam na área em que estudo foi realizado?
5. Identifique as principais partes do estudo: introdução, objetivos, metodologia, resultados e discussão ou conclusão.
6. Os trechos abaixo fazem parte de um *abstract* (RODRIGUES et al., 2010), porém, encontram-se fora da ordem de estrutura de um texto desse gênero. Organize-os, atribuindo uma numeração crescente a cada parte, de forma a construir um *abstract* coeso e coerente da área de tecnologia da informação.

We also introduce a possible extension of this model to provide collision avoidance among agents, mainly focused on crowd simulation. In addition, an interactive tool is provided to allow an easy manner for controlling the motion of virtual characters.

In this article, the underlying idea of the space colonization algorithm is adapted to control the motion of virtual characters, providing robust and realistic group behaviors by adjusting just a few parameters.

This article presents an approach for generating steering behaviors of groups of characters based on the space colonization algorithm that has been used in the past for generating leaf venation patterns and tree structures.

The main contributions of this work are the robustness, flexibility, and simplicity of the proposed approach to control groups of characters in an interactive way, providing path planning and a series of group behaviors, such as group formation, alignment among others.

BIBLIOGRAPHY

COSTA, S. R. *Dicionário de gêneros textuais*. 2. ed. Belo Horizonte: Autêntica, 2009.

MACHADO, A. R. Revisitando o conceito de resumos. In: DIONÍSIO, Â. P.; MACHADO, A. R. BEZERRA, M. A. (Orgs.). *Gêneros textuais & ensino*. São Paulo: Parábola Editorial, 2010.

MOTTA-ROTH, D.; HENDGES, G. R. *Produção textual na universidade*. São Paulo: Parábola Editorial, 2010.

PALMA, L.; ALVES, N. B.; SILVA, T. Educação para sustentabilidade: a construção de caminhos no Instituto Federal de Educação, Ciência e Tecnologia do Rio Grande do Sul (IFRS). *Revista de Administração Mackenzie*, v. 14, n. 3, edição especial, p. 83-118, 2013.

RODRIGUES, R. A. et al. An interactive model for steering behaviors of groups of characters. *Applied Artificial Intellingence*, v. 24, n. 6, special edition, p. 594-616, 2010. Intelligent Virtual Agents. Disponível em: < http://repositorio.furg.br:8080/bitstream/handle/1/1680/An%20Interactive%20Model%20for%20Steering%20Behaviors%20of%20Groups%20of%20Characters.pdf?sequence=1>. Acesso em: 04 nov. 2014.

SELISTRE, I. C. T. Uma proposta de inserção de colocações verbais em dicionários escolares ativos português/inglês. *Revista Eletrônica de Linguística*, v. 5, n. 2, p. 43-61, 2011. Disponível em: < http://www.seer.ufu.br/index.php/dominiosdelinguagem/article/view/13424>. Acesso em: 04 nov. 2014.

chapter 4

Instruction/user manual

Manual de instruções ou manual do usuário

Em diversos momentos da carreira técnica, é possível que você tenha que apresentar ou ler instruções de uso em inglês, referentes a um produto, um sistema ou um serviço que você desenvolveu. Estas situações irão demandar conhecimentos específicos sobre as características de um manual de instruções, necessários para poder produzir e ler um texto desse gênero em seu ambiente de atuação profissional ou ao longo das aulas do curso técnico. Esse aprendizado também será útil para que você compreenda como esse gênero está estruturado, facilitando sua leitura e a aquisição de informações a respeito do produto ou do serviço apresentado. Assim, neste capítulo, apresentaremos o gênero textual do manual de instruções.

Objetivos de aprendizagem

» Identificar os principais objetivos comunicacionais do gênero manual de instruções.

» Distinguir as funções comunicacionais do gênero manual de instruções.

» Reconhecer o funcionamento da estrutura desse gênero.

» Listar os principais elementos de linguagem usados nos manuais de instrução de produtos ou serviços, em língua inglesa.

» Contexto social e função comunicacional do *instruction/user manual*

» **KEY TERM**
O manual de instruções de um produto configura-se como um texto cujo discurso é predominantemente instrucional e didático, no qual ocorre a transmissão de orientações, regras de uso, prescrições e explicações, sempre tecendo uma interlocução simples e direta com o leitor – geralmente consumidor e/ou usuário de um produto/serviço adquirido.

Quando pensamos em um texto denominado manual de instruções, podemos imaginar um compilado de instruções de como instalar e/ou utilizar um produto ou um sistema, um guia prático de como iniciar o uso de um produto ou um texto descritivo, de linguagem clara e simples, que explica as características de um determinado serviço ou produto e o seu uso.

Sérgio Costa (2009, p.145), em seu Dicionário de Gêneros Textuais, apresenta uma das principais definições do gênero manual como "[...] um livreto descritivo e explicativo que acompanha determinados produtos, orientando acerca do uso, do funcionamento, da conservação, instalação, etc. [...]".

As características textuais e as marcas discursivo-linguísticas permitem não apenas compreender os manuais de instrução em língua inglesa, mas também produzi-los, de forma clara e objetiva, quando for necessário e caso o autor possua um bom domínio do vocabulário sobre sua área técnica e sobre o produto ou o serviço que está desenvolvendo.

A produção do texto do manual de instruções ocorre, em geral, no contexto industrial, sendo realizada pelas pessoas que conhecem o produto ou serviço apresentado. Já quanto à circulação, era comum, até pouco tempo atrás, que o manual acompanhasse o produto ou serviço quando estes fossem adquiridos.

Atualmente, até mesmo por motivos econômicos e socioambientais, os manuais de instalação e informações importantes têm sido disponibilizados on-line, no site da empresa que desenvolveu o produto. Essa logística tem sido muito utilizada no âmbito das empresas de tecnologia, a exemplo da Apple Computers e da Dell – ambas disponibilizam os manuais de instruções em seus websites, oferecendo, ainda, outras opções de suporte on-line, via *chat*, ou por telefone com um atendente, caso o usuário necessite de outras informações além daquelas disponibilizadas nos manuais.

» **IMPORTANT**
O objetivo principal da função comunicacional do gênero manual de instruções é orientar o consumidor, o usuário ou o proprietário de um produto ou serviço sobre como utilizá-lo com segurança e eficácia.

A estrutura do gênero *instruction/user manual*

» HINTS AND TIPS
Os manuais geralmente são disponibilizados em arquivos *PDF*. O usuário pode realizar um *download* dos textos para consultá-los off-line quando desejar.

O manual de instruções ou manual do usuário é um **texto bastante claro e ilustrativo**, pois uma de suas principais funções é a de guiar o usuário de um produto ou serviço à instalação e ao uso adequados do produto, ou, ainda, à solução de algum problema enfrentado ao longo do tempo de uso do equipamento.

Para isso, a estrutura dos manuais é organizada, geralmente, com os elementos dispostos em sequência. A seguir, detalhamos cada um desses elementos.

Capa

A capa contém o **nome do produto e o título atribuído ao manual** ou guia do usuário. Um exemplo é o da Figura 4.1, que traz a capa de um manual de instalação desenvolvido para o usuário da Apple TV.

Figura 4.1 Exemplo de capa de manual de instruções.
Fonte: Welcome ... (2013).

» Table of contents

Trata-se da tabela de conteúdo ou **sumário**, em que estão dispostas as seções do manual. Geralmente, os conteúdos do manual estão divididos conforme as partes do produto ou as ações que ele pode realizar. A seguir, apresentamos dois exemplos. Na tabela de conteúdos da Apple TV, os capítulos se organizam em torno dos procedimentos de uso do aparelho, como conectar, configurar, assistir e solucionar problemas.

Contents

Chapter 1: Connect.
7 What's in the box
8 Apple TV at a glance
10 What you need
11 Setting up Apple TV

Chapter 2: Configure.
16 Configuring your Apple TV
17 Connecting to iTunes

Chapter 3: Watch.
20 Using your Apple remote
21 Basic remote functions
21 Pairing Apple TV with a remote
22 Unpairing Apple TV from a remote
23 Changing the remote battery
24 Renting movies and purchasing TV shows

Figura 4.2 Tabela de conteúdos organizada por procedimentos de uso do aparelho.
Fonte: Welcome... (2013).

Já a tabela de conteúdos do módulo de sensor sem fio Telos apresenta a tabela de conteúdos organizada pelas partes que compõem o produto, como descrição do módulo, microprocessador, rádio, antena, flash externo, sensores e informações gerais. É importante ressaltar que a escolha por um dos modelos de construção da tabela de conteúdos é uma questão da empresa. As tabelas de conteúdos são produzidas, em sua maioria, com o método mais tradicional, como o do módulo de sensor Telos.

Telos
Rev B (Low Power Wireless Sensor Module)

Table of Contents
Module Description 3
   Power 4
   Typical Operating Conditions 4
   Mechanical Characteristics 5
   Block Diagram 6
   Schematic 7
Microprocessor 9
   Description 9
   Typical Operating Conditions 9
   PC Communication 9
   Programming 10
   Block Diagram 12
Radio 13
   Description 13
   Typical Operating Conditions 14
   Measured Output Power 14
Antenna 15
   Internal Antenna 15
   Internal Antenna without Battery Pack 16

Figura 4.3 Tabela de conteúdos organizada pelas partes que compõem o produto.
Fonte: Telos ... (2004).

Descrição gráfica

Após a tabela de conteúdos, alguns manuais e guias apresentam uma descrição gráfica geral do produto, com indicações de suas principais partes. O guia de instalação da Apple TV apresenta a ilustração do produto e uma legenda para os ícones que o usuário pode encontrar.

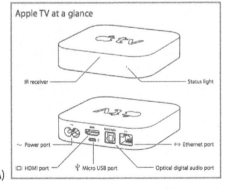
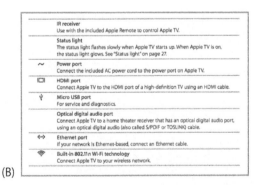

Figura 4.4 (A) Exemplo de ilustração de um produto no manual. (B) Exemplo de legenda para a ilustração.
Fonte: Welcome ... (2013).

>> Instruções e procedimentos diversos

Após os itens mencionados anteriormente, a sequência de um manual de instruções, geralmente, conta com as instruções ou com os procedimentos para instalação, configuração, utilização e manutenção do produto. Essas instruções, apresentadas nas seções descritas na *table of contents*, apresentam uma **visão geral da parte do produto ou da ação**, com uma imagem, e, em seguida, pequenos passos sobre como proceder. É o que ocorre, por exemplo, na instrução dada pelo guia de instalações da Apple TV para que o usuário consiga conectar os cabos necessários no lugar certo.

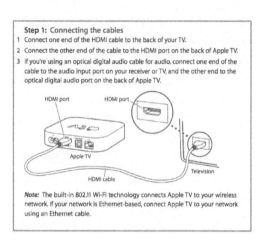

Figura 4.5 Exemplo de instruções ou procedimentos.
Fonte: Welcome ... (2013).

Observe que a imagem é bastante clara e fiel ao produto, com indicações sobre o que é e onde fica cada parte do aparelho. Além disso, as instruções são claras e breves, porém ricas em detalhes que permitem ao usuário identificar as partes do produto que precisam ser observadas.

>> Linguagem

Para construir um bom manual, que também seja compreensível, o foco deve ser o leitor. É preciso considerar leitores com diferentes níveis socioeconômicos, de escolaridade, de idade e de conhecimento sobre o produto. O bom *user guide* é aquele que todos os usuários conseguem entender e seguir, solucionando problemas diversos e garantindo autonomia e segurança.

Por isso, um dos grandes objetivos do manual é que ele seja *user friendly*, ou seja, "amigo do usuário", facilitando ao máximo o uso e o conhecimento do produto.

>> **IMPORTANT**
As informações, apesar de simples, devem conter especificações técnicas e procedimentos bem descritos, para evitar incompreensões ou gerar riscos para o usuário.

Ilustrações e imagens

Outro ponto importante na estrutura de um *instruction manual* ou *user guide* se refere à questão do amparo gráfico, uma vez que as ilustrações do produto estão muito presentes nesse gênero textual e são parte integrante de sua construção discursiva.

Se você está desenvolvendo o *user guide* de um produto, você pode fazer o *design* do produto em *softwares* específicos, ou, ainda, tirar fotos dos procedimentos, como o autor do manual de instruções do módulo Telos ao apresentar o produto da Figura 4.6.

>> **HINTS AND TIPS**
As imagens podem ilustrar certos pontos do manual de forma mais clara do que as instruções textuais, particularmente quando se tratam de procedimentos complexos, nos quais o usuário pode conferir com facilidade se está seguindo os passos de forma correta.

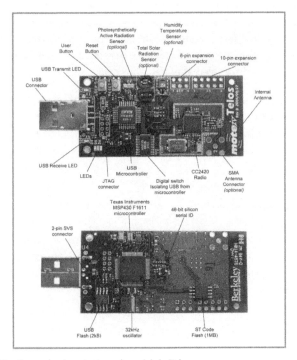

Figura 4.6 Exemplo de estrutura do módulo Telos.
Fonte: Telos ... (2004).

Padronização do texto

A padronização de alguns formatos e procedimentos é um item que também merece atenção, pois facilita a leitura do usuário. Alguns elementos de formatação podem ser observados na elaboração de um manual de instruções, tais como:

» O tipo e o tamanho de fonte.
» A escolha de um *layout* agradável, que ajude o usuário a guiar-se na leitura, como o uso de negrito em cada nova seção, por exemplo.

» O tipo de papel, o cuidado na escolha do uso de cores e até mesmo o tipo de encadernação também podem ser decisivos na compreensão e na usabilidade do manual.

» O uso das imagens e das ilustrações também deve ser feito de forma padronizada. Questões como o tamanho e a qualidade das imagens, bem como o seu padrão de cor e a sua disposição no manual devem ser observadas.

» FAQ – frequently asked questions

Outra característica que tem sido muito observada em manuais de instrução de produtos, especialmente os eletrônicos, é a seção de FAQ – frequently asked questions (perguntas frequentemente realizadas pelos usuários). Essa seção geralmente é encontrada no final no manual e se estrutura por meio de perguntas formuladas a partir de problemas enfrentados pelos usuários.

As perguntas mais realizadas são apresentadas, com suas respectivas respostas e sugestões de solução para o problema apresentado. É como se a empresa pudesse prever as principais dúvidas e/ou problemas que os usuários enfrentariam com o produto, já apresentando sua solução de antemão.

» Glossários

Os glossários, que retomam os principais termos técnicos ou partes do produto apresentados ao longo do texto do manual, também podem estar presentes no final do texto, servindo como um guia de acesso rápido para o usuário ou como um índice remissivo do manual de instruções.

» **IMPORTANT**
Tanto a presença dos glossários quanto a da seção de FAQ demonstram que a empresa deseja construir um texto conversacional, ou seja, quer ser acessível e dialogar com o usuário, oferecendo, basicamente, o mesmo serviço dos *call centers*: uma solução rápida e simples para os problemas do usuário em relação ao produto.

» Elementos linguísticos essenciais

Ao longo da seção de estrutura e conteúdo de um manual de instruções, observamos que, para manutenção de algumas características deste texto, como a clareza e a brevidade das informações, é necessário que a forma de produção do texto siga alguns pontos importantes em relação ao uso da linguagem, tais como:

» **Isenção de ambiguidades:** o texto deve evitar o uso de termos ambíguos ou que façam menção a duas partes diferentes de um mesmo produto.

» **Consideração de leitores de diversas classes sociais, esferas socioeconômicas e idades:** é necessário pensar que usuários com perfis muitos diferentes podem utilizar o manual. Portanto, o estilo de linguagem deve ser acessível tanto para usuários com alto índice de letramento quanto para usuários com pouca experiência prévia na leitura de manuais de instrução.

Em relação aos elementos de linguagem mais específicos que devem ser considerados ao se redigir um bom *user guide* ou *instruction manual*, apresentamos alguns indispensáveis a um texto instrucional claro e objetivo.

Tempo verbal

Em um manual de instruções, são utilizados dois tempos/aspectos verbais diferenciados para indicar quais procedimentos devem ser realizados pelo usuário: **verbos no imperativo ou futuro** (Figura 4.7) ou **verbos no infinitivo com valor de imperativo** (Figura 4.8).

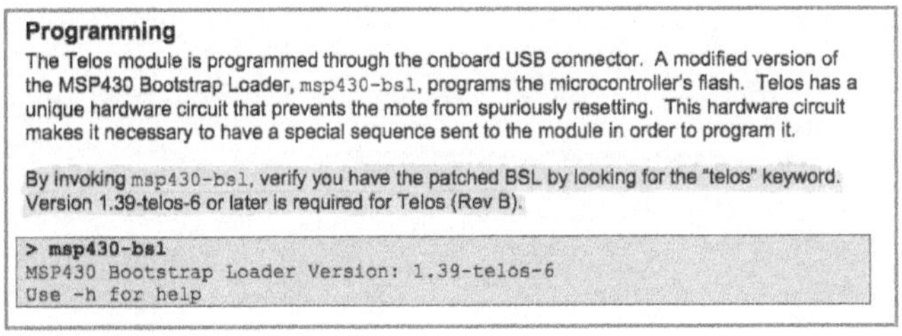

Programming

The Telos module is programmed through the onboard USB connector. A modified version of the MSP430 Bootstrap Loader, msp430-bsl, programs the microcontroller's flash. Telos has a unique hardware circuit that prevents the mote from spuriously resetting. This hardware circuit makes it necessary to have a special sequence sent to the module in order to program it.

By invoking msp430-bsl, verify you have the patched BSL by looking for the "telos" keyword. Version 1.39-telos-6 or later is required for Telos (Rev B).

```
> msp430-bsl
MSP430 Bootstrap Loader Version: 1.39-telos-6
Use -h for help
```

Figura 4.7 Exemplo de uso de verbo no imperativo ou futuro.
Fonte: Telos ... (2004).

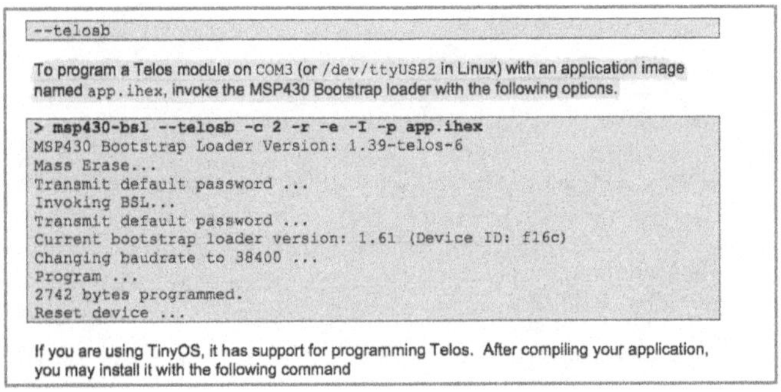

```
--telosb
```

To program a Telos module on COM3 (or /dev/ttyUSB2 in Linux) with an application image named app.ihex, invoke the MSP430 Bootstrap loader with the following options.

```
> msp430-bsl --telosb -c 2 -r -e -I -p app.ihex
MSP430 Bootstrap Loader Version: 1.39-telos-6
Mass Erase...
Transmit default password ...
Invoking BSL...
Transmit default password ...
Current bootstrap loader version: 1.61 (Device ID: f16c)
Changing baudrate to 38400 ...
Program ...
2742 bytes programmed.
Reset device ...
```

If you are using TinyOS, it has support for programming Telos. After compiling your application, you may install it with the following command

Figura 4.8 Exemplo de uso de verbo no infinitivo com valor de imperativo.
Fonte: Telos ... (2004).

Ambos os exemplos apresentados, retirados do guia do usuário dos módulos sem fio Telos, utilizam o modo imperativo em inglês e a forma nominal do infinitivo para explicitar como o usuário deve proceder para instalar o módulo.

The use of the imperative

No Quadro 4.1, listamos alguns usos mais comuns dos verbos no modo imperativo, de acordo com Coe, Harrison e Paterson et al. (2008), em sua Oxford Practice Grammar, e com exemplo encontrados em manuais de instrução e guias do usuário.

Quadro 4.1 » Exemplos de uso dos verbos no modo imperativo

To give a direct order	**Using connectors and ports** Never force a connector into a port. Check for obstruc connector and port don't join with reasonable ease, th Make sure that the connector matches the port and th the connector correctly in relation to the port.
To give instructions	**Connecting to your wireless network** Apple TV helps you connect to your wireless network. If you use a name and password to access your network, have them ready. Use the Apple Remote to: 1 Select your network from the list, or enter your network name if the network is hidden. 2 Enter your network password (if you use one).
To give warnings	 *Important:* Don't place anything on top of Apple TV. Objects placed on top may interfere with the wireless signal. Don't place Apple TV on top of other electronic equipment in a media cabinet.
To make an invitation	Use Apple TV to watch high-definition movies and TV shows directly from the iTunes Store on your widescreen TV. Play content from Netflix, view live and archived sports and news, and enjoy podcasts, YouTube, Vimeo, and Internet radio. Stream your music and photos from iCloud, or play your iTunes content wirelessly from a Mac or PC. View full-screen photo slideshows from the comfort of your couch. And with AirPlay, wirelessly display your iPhone, iPad, and iPod touch screen on Apple TV, or mirror your iPhone 4S or iPad screen.

Quadro 4.1 » **Exemplos de uso dos verbos no modo imperativo (cont.)**

For signs and notices

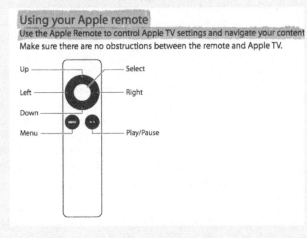

Verbos modais

O uso de **verbos modais** também é bastante comum nos manuais de instrução em língua inglesa, visto que a função deles é modalizar um verbo de ação – conforme o exemplo do guia de instalação da Apple TV a seguir.

If Apple TV can't access the network
- Check for any obstructions, and adjust the location of the base station or Apple TV.
- If your network has security enabled, make sure you enter the correct password.
- If security is enabled on the network, temporarily disable it on the base station and try connecting again.
- Check the IP address Apple TV is using. If it starts with 169.x.x.x, the router or base station may not be configured properly. Check to see if DHCP access is available, or configure Apple TV with a manual IP address.
- Apple TV cannot connect to a wireless network that contains high (extended) ASCII or double-byte (Unicode) characters (such as Japanese, Korean, or Chinese) in the name or password.

If your TV screen appears fuzzy or black
- Make sure your HDTV supports 720p or 1080p video.
- Make sure you're using the correct HDMI cable and that it's firmly connected to Apple TV and to your TV.
- Make sure the input setting on your TV matches the input port the HDMI cable is connected to. For information, see the documentation that came with your TV.

Figura 4.9 Exemplo de uso de verbos modais.
Fonte: Welcome ... (2013).

Nos trechos destacados em laranja na Figura 4.9, há o uso de um verbo modal para acrescentar uma nova possibilidade de sentido ao verbo de ação que segue.

Nos casos destacados na figura ainda há o modal "cannot", seguido do verbo "connect". Isso significa que "não é possível conectar".

Já nos trechos destacados em cinza na Figura 4.9, há o uso do infinitivo com valor de imperativo, estrutura sintática típica dos *instruction manuals*. As frases no modo imperativo têm como principal característica a ausência do sujeito e a presença apenas do verbo, em sua forma no infinitivo sem a partícula "to". "Make sure", "check" and "see" aparecem com frequência no guia do usuário da Apple TV, alertando o consumidor que ele deve conferir e checar os procedimentos para que consiga instalar corretamente e fazer uso adequado do produto.

Sobre os verbos modais, é importante ressaltar, ainda, que eles podem ajustar o sentido dos verbos de ação, adicionando diferentes efeitos semânticos, conforme o Quadro 4.2.

Quadro 4.2 » Significado e uso de verbos modais em conjunto com verbos de ação

Verbo	Significado possível	Expressa...
Can	Poder, ser capaz de	Capacidade, habilidade
	Poder, fazer o favor de	Pedido/ permissão informal
Could	Podia, sabia	Capacidade no passado
	Podia, poderia	Pedido formal
May	Poder, ter permissão para	Permissão formal
	Poder, ser possível	Possibilidade
Might	Poder, não ser impossível	Possibilidade remota
Should	Devia, deveria	Dever, necessidade, conselho
Must	Dever, ter de	Ordem, obrigação forte
	Dever, ter quase certeza	Dedução, conclusão lógica
Will	Futuro simples	Indicação de futuro
Would	Futuro do pretérito	Indicação de futuro do pretérito
	Pergunta	Oferecimento

Verbos de ação

Além disso, como você já deve ter observado nos exemplos de manuais apresentados ao longo do capítulo, existem vários **verbos de ação** comumente presentes em um texto instrucional. Listamos os principais deles e suas funções a seguir:

» **Warning sign**
  » Don't place
» **Instructions/direct order**
  » Connect
  » Read
  » Use
  » Make sure
  » Select
  » Enter
  » Set up
  » Choose
  » Keep
  » Hold down
  » Replace
  » Remove
  » Insert
  » Try
  » Reset
  » Check
  » Block
  » Invoke

>> SUMMARY

O manual de instruções de um produto é um texto com discurso instrucional e didático. Seu objetivo principal é orientar o consumidor, usuário ou proprietário de um produto ou serviço sobre como utilizá-lo com segurança e eficácia.

Com relação à estrutura do texto, um manual de instruções precisa ter:

» Capa.
» Tabela de conteúdos.
» Descrição gráfica do produto.

(cont.)

>> SUMMARY *(cont.)*

» Instruções ou procedimentos para instalação, configuração, utilização e manutenção do produto.
» Uso de ilustrações junto às instruções e aos procedimentos.

O manual também pode contar com uma seção de FAQ, que reúne perguntas e respostas relacionadas às dúvidas mais frequentes apresentadas pelos usuários, e com um glossário de termos técnicos ou específicos.

É necessário que a forma de produção desse gênero siga alguns pontos importantes em relação ao uso da linguagem, tais como a isenção de ambiguidades e a consideração de leitores de diversas classes sociais, esferas socioeconômicas e idades. Também é importante notar o uso de, predominantemente, dois tempos/aspectos verbais: verbos no imperativo ou futuro e verbos no infinitivo com valor de imperativo.

Por fim, os enunciados devem ser curtos, construídos em parágrafos breves. Em virtude disso, é pouco comum na escrita de manuais de instrução ou de guias de usuário o uso de cadeias referenciais, ou seja, não é frequente o uso de pronomes relativos e de elementos de coesão anafórica para retomada de termos já citados.

>> Now it's your turn!

1. Descreva as principais características e funções de um manual de instruções.
2. Quais são os principais elementos que compõem a estrutura de um manual de instruções?
3. Pense em um produto que você utiliza e imagine duas orientações que poderiam constar em seu manual. Escreva-as, usando verbos no modo imperativo.

BIBLIOGRAPHY

COE, N.; HARRISON, M.; PATERSON, K. *Oxford Practice Grammar*. Oxford: OUP, 2006.

COSTA, S. R. *Dicionário de gêneros textuais*. 2. ed. Belo Horizonte: Autêntica, 2009.

TELOS: Ultra low power IEEE 802.15.4 compliant wireless sensor module 2004. Disponível em: <http://www4.ncsu.edu/~kkolla/CSC714/datasheet.pdf>. Acesso em: 03 nov. 2014.

WELCOME. You're watching Apple TV. [2013]. Disponível em: < http://manuals.info.apple.com/MANUALS/1000/MA1607/en_US/apple_tv_3rd_gen_setup.pdf>. Acesso em: 03 nov. 2014.

appendix

Extra activity: designing a curriculum

Atividade extra: redigindo um currículo

» HINTS AND TIPS
No geral, não há um modelo único de currículo mais adequado em que você possa se basear. Mas algumas empresas, especialmente as maiores, especificam quais tópicos e informações devem estar presentes no currículo a ser enviado.

O currículo, ou *curriculum vitae* (da expressão latina que significa "período de carreira da vida"), é um gênero textual específico que resume e agrega, em um único texto, as qualificações, os dados pessoais e as experiências acadêmicas e profissionais que uma pessoa possui. Também chamado *resumé*, o currículo apresenta uma **biografia** concisa sobre a **educação profissionalizante e a experiência profissional** de um candidato a uma vaga de emprego.

Conforme afirmam os autores Miron Stoffels e Hanna Götz (2002), o currículo não deixa de ser um anúncio de você mesmo, revelando aspectos positivos sobre sua carreira acadêmica e profissional, e possivelmente garantindo uma futura entrevista a partir do texto disponibilizado. Justamente por funcionar como seu cartão de visitas, os fatos mencionados nele devem ser verdadeiros e convincentes, para que as empresas e os recrutadores possam se interessar por seu perfil.

Nesse sentido, os **principais objetivos** do currículo são:

» Convencer o leitor/recrutador sobre as informações disponibilizadas em seu currículo.
» Conseguir uma entrevista de emprego.

Os mesmos autores (STOFFELS; GÖTZ, 2002) também elencam algumas características essenciais que um bom currículo em inglês deve conter, conforme o Quadro A.1.

Quadro A.1 » Características de um bom *curriculum*

Quanto à apresentação e ao conteúdo, o *curriculum* deve:	» Ser claro e atrativo.
	» Apresentar as informações mais recentes em primeiro lugar.
	» Fornecer informações verdadeiras, especialmente aquelas relacionadas à formação, às experiências e às qualidades do candidato.
	» Ser completo sem ser extenso, apresentando todas as informações relevantes (lembre-se de que você está redigindo um currículo, não uma biografia).
	» Evitar informar dados muito pessoais, como estado civil e características físicas e de personalidade.
	» Apresentar claramente o que você espera da empresa.
Quanto ao uso da linguagem, ao preparar um *curriculum* é necessário:	» Ter cuidado e capricho com a redação.
	» Redigir de forma simples, com brevidade e objetividade.
	» Utilizar a simplicidade na linguagem, já que ela pode ser mais bem sucedida no objetivo de tornar a leitura fácil do que o rebuscamento ou a sofisticação.

Mesmo que você possa buscar diversos modelos de currículos na Internet, apresentamos a seguir um esquema que irá ajudá-lo a montar um currículo simples, breve e com informações precisas para conquistar uma boa posição no mercado ou, no mínimo, garantir uma entrevista de emprego.

>> **HINTS AND TIPS**

É possível conversar com especialistas da sua área e pedir algumas dicas sobre quais informações são mais visadas e valorizadas nos recrutamentos e entrevistas.

>> **EXAMPLE**

Jason L. Andrews
3177 North Hawthorne Boulevard
Olympia, NY 12407-3278
914.967.3117 (Voice/Message)
jandrews@gmail.com

— Dados de contato apresentados com clareza

Objective
A position in marketing that will lead to work as a marketing manager for an ebusiness.

Education

Bachelor of Business Administration
Olympia State University—May 2011
GPA: 3.7/4.0

Major: Marketing
Minor: Psychology
Dean's List

— Ênfase na educação por posição

Destaca as disciplinas e os cursos mais importantes

Related Coursework:
- Strategic Marketing
- Marketing Research
- Marketing Communications & Promotion
- Global Marketing
- Interpersonal Communication
- Statistical Analysis
- Consumer and Buyer Behavior
- Social Psychology

❏ Research Projects: Cultural Influence on Purchasing, Customer Brand Preference, and Motivating Subordinates with Effective Performance Appraisals.

(cont.)

>> EXAMPLE *(cont.)*

Jason L. Andrews
3177 North Hawthorne Boulevard
Olympia, NY 12407-3278
914.967.3117 (Voice/ Message)
jandrews@gmail.com

O cabeçalho é igual ao do currículo

Experience

Intern-Pollster, Olympia State University, Olympia, NY, May 2011–present
- Survey over 20 students and alumni weekly over the phone and in person
- Compile statistical data and present reports to the Chancellor's Council
- Supervise a team of ten undergraduate pollsters
- Exceeded university goals by 5% last year for the number of surveys completed

Enfatiza cargos, não datas

Sales Associate, The Gap, Inc., New York, NY, Jan. 2009–April 2011
- Was named top store sales associate four of eight quarters
- Created merchandise displays
- Trained new sales associates

Host and Food Server, Grimaldi's, Brooklyn, NY, Aug. 2007–Dec. 2008
- Provided exceptional customer service
- Worked well as part of a team to seat and serve customers quickly and efficiently

Verbos de ação passam a imagem de um trabalhador dedicado com boas competências interpessoais

Activities

Delta Sigma Pi (professional); Sigma Iota Epsilon (honorary), treasurer and president, Board of Stewards for church; League of Olympia, served as registration leader, tennis, blogging, reading, and jogging

Inclui apenas as informações mais importantes

Ms. June Rojas, Polling Supervisor
Olympia State University
7114 East 71st Street
Olympia, NY 12509-4572
Phone: 518.342.1171
Fax: 518.342.1200
E-mail: June.Rojas@osu.edu

Mr. Todd E. Frankle, Store Manager
The Gap, Inc.
Lincoln Square
New York, NY 10023-0007
Phone: 212.466.9101
Fax: 212.468.9100
E-mail: tfrankle@gap.com

Professor Helen K. Robbins
Department of Marketing
Olympia State University
Olympia, NY 12507-0182
Phone: 518.392.6673
Fax: 518.392.3675
E-mail: Helen.Robbins@osu.edu

Professor Carol A. Cueno
Department of Psychology
Olympia State University
Olympia, NY 12507-0234
Phone: 518.392.0723
Fax: 518.392.7542
E-mail: Carol.Cueno@osu.edu

Informações completas e *layout* equilibrado

Fonte: Flatley, Rentz e Lentz (2015).

No exemplo a seguir, apresentamos outro modelo interessante. É um currículo impresso tradicional organizado em ordem cronológica inversa.

>> EXAMPLE

Letra grande enfatiza o nome	**Manny Konedeng** 5602 Montezuma Road • Apartment 413 • San Diego • California • 92115 Phone: (619) 578-8508 • E-mail: mkonedeng@gmail.com — Inclui informações de contato completas

OBJECTIVE — A financial analyst internship with a broker-dealer where both analytical and interpersonal communication skills and knowledge are valued — Frase descritiva apresenta duas qualidades muito importantes

EDUCATION — **Bachelor of Science Degree in Business Administration,** May 2010, San Diego State University, Finance Major

Expande e enfatiza os pontos fortes com base em detalhes precisos

Dean's List
Current GPA: 3.32/4.00
Accomplishments:
- Published in *Fast Company Magazine* and the *San Diego Union Tribune*
- Won Greek Scholarship
- Finished in top five in mathematics competition

Related Courses:
- Business Communication, A
- Investments, A
- Tax Planning, A–
- Estate Planning, A
- Risk Management, A
- Business Law, B+

Computer Skills:
- Microsoft Office—Excel, Word, PowerPoint, and Access
- Web-based Applications—Surveymonkey, Blogger, GoToMeeting, Twitter
- Research Tools—SPSS, Internet Explorer, Google Advanced Search

WORK EXPERIENCE

Enfatiza cargos, não local ou data

Sales and Front Desk, Powerhouse Gym, Modesto, CA 95355 — Summer 2009
- Sold memberships and facilitated tours for the fitness center
- Listened to, analyzed, and answered customers' inquires
- Accounted for membership payments and constructed sales reports
- Trained new employees to understand company procedures and safety policies

Relay Operator, MCI, Riverbank, CA 95367 — Summers 2007 & 2008
- Assisted over 100 callers daily who were deaf, hard of hearing, or speech disabled to place calls
- Exceeded the required data input of 60 wpm with accuracy
- Multitasked with typing and listening to phone conversations
- Was offered a promotion as a Lead Operator

Usa verbos de ação descritivos

Co-founder and owner, Fo Sho Entertainment, Modesto, CA 95355 — 2006
- Led promotions for musical events in the Central Valley
- Managed and hosted live concerts
- Created and wrote proposals to work with local businesses
- Collaborated with team members to design advertisements

UNIVERSITY INVOLVEMENT

Inclui itens que o destacam de outros candidatos

Communications Tutor, San Diego State University, San Diego, CA 92182 — Spring 2010
- Critiqued and evaluated the written work for a business communication course
- Set up and maintained blog for business communication research

Recruitment Chairman, Kappa Alpha Order Fraternity, San Diego, CA 92115 — Fall 2009
- Supervised the selection process for chapter membership
- Individually raised nearly $1,000 for chapter finances
- Organized recruitment events with business sponsors, radio stations, and special guests

REFERENCES — Will gladly furnish personal and professional references on request — Serve de encerramento e informa que há pessoas com uma opinião favorável sobre ele

Fonte: Flatley, Rentz e Lentz (2015).

Diante das sugestões apontadas, novamente ressaltamos a importância de saber em que contexto seu *curriculum* circulará. É necessário saber qual é o grau de formalidade exigido na empresa para a qual você está se candidatando e, claro, qual é o perfil da vaga.

Como ocorre com todos os gêneros textuais abordados nesta publicação, muitos aspectos não são definidos pelas estruturas ou pelo conteúdo: o **contexto social** é, de fato, o aspecto central e decisivo na produção de qualquer texto.

>> Now it's your turn!

Escolha um dos exemplos apresentados e redija o seu próprio *curriculum*, em inglês.

BIBLIOGRAPHY

FLATLEY, M.; RENTZ, K.; LENTZ, P. *Comunicação empresarial*. 2. ed. Porto Alegre: AMGH, 2015.

STOFFELS, M. A.; GÖTZ, H. B. *Commercial and official correspondence*. 2. ed. São Leopoldo: Unisinos, 2002.